W9-BOK-332

Maryse Condé

Maryse Condé est née en Guadeloupe en 1937. Elle a étudié à Paris, avant de vivre en Afrique – notamment au Mali –, d'où elle a tiré l'inspiration de son best-seller *Ségou* (Robert Laffont, 1985). Ses romans lui ont valu de nombreux prix, notamment pour *Moi, Tituba sorcière* (Grand Prix de la littérature de la Femme, 1986) et *La Vie scélérate* (prix Anaïs-Ségalas de l'Académie française, 1988). Elle a également reçu le prix Nobel « alternatif » de littérature en 2018, et en 2021 le Prix mondial Cino-Del-Duca est venu couronner l'ensemble de son œuvre.

En 1993, Maryse Condé a été la première femme à recevoir le prix Putterbaugh décerné aux États-Unis à un écrivain de langue française. Lus dans le monde entier, ses romans s'interrogent sur une mémoire hantée par l'esclavagisme et le colonialisme, et, pour les descendants des exilés, sur une recherche identitaire. En témoignent, entre autres, *La Migration des cœurs* (1995), *Desirada* (1997) et *Célanire cou-coupé* (2000). Elle a également publié *En attendant la montée des eaux* (2010), qui a reçu le Grand Prix du Roman Métis, *La Vie sans fards* (2012), *Mets et merveilles* (2015) et *Le Fabuleux et Triste Destin d'Ivan et d'Ivana* (2017), tous parus aux éditions Jean-Claude Lattès. En 2021 a paru *L'Évangile du Nouveau Monde* aux Éditions Buchet-Chastel.

Après de nombreuses années d'enseignement à l'université de Columbia à New York, elle vit désormais dans le sud de la France.

LE CŒUR À RIRE ET À PLEURER

ÉGALEMENT CHEZ POCKET

MARYSE CONDÉ

LE CŒUR
À RIRE ET À PLEURER

Contes vrais de mon enfance

ROBERT LAFFONT

Pour plus d'information :

#lisez!
engagé
www.lisez.com
Imprimé sur du papier issu de forêts gérées durablement.

Le Code de la propriété intellectuelle n'autorisant, aux termes de l'article L. 122-5 (2ᵉ et 3ᵉ a), d'une part, que les «copies ou reproductions strictement réservées à l'usage privé du copiste et non destinées à une utilisation collective» et, d'autre part, que les analyses et les courtes citations dans un but d'exemple et d'illustration, «toute représentation ou reproduction intégrale ou partielle faite sans le consentement de l'auteur ou de ses ayants droit ou ayants cause est illicite» (art. L. 122-4).
Cette représentation ou reproduction, par quelque procédé que ce soit, constituerait donc une contrefaçon sanctionnée par les articles L. 335-2 et suivants du Code de la propriété intellectuelle.

© Éditions Robert Laffont, S.A., Paris, 1999

ISBN : 978-2-266-09868-7

À ma mère

« Ce que l'intelligence nous rend
sous le nom de passé n'est pas lui. »

Marcel PROUST,
Contre Sainte-Beuve.

Portrait de famille

Si quelqu'un avait demandé à mes parents leur opinion sur la Deuxième Guerre mondiale, ils auraient répondu sans hésiter que c'était la période la plus sombre qu'ils aient jamais connue. Non pas à cause de la France coupée en deux, des camps de Drancy ou d'Auschwitz, de l'extermination de six millions de Juifs, ni de tous ces crimes contre l'humanité qui n'ont pas fini d'être payés, mais parce que pendant sept interminables années, ils avaient été privés de ce qui comptait le plus pour eux : leurs voyages en France. Comme mon père était un ancien fonctionnaire et ma mère en exercice, ils bénéficiaient régulièrement d'un congé « en métropole » avec leurs enfants. Pour eux, la France n'était nullement le siège du pouvoir colonial. C'était véritablement la mère patrie et Paris, la Ville lumière qui seule donnait de l'éclat à leur existence. Ma mère nous chargeait la tête de descriptions des merveilles du carreau du Temple et du marché Saint-Pierre avec, en prime, la Sainte-Chapelle et Versailles. Mon père préférait le musée du Louvre et le dancing la Cigale où il allait en garçon se dégourdir les jambes. Aussi, dès le mitan de l'année 1946, ils reprirent avec délices le paquebot qui devait les mener au port du Havre, première escale sur le chemin du retour au pays d'adoption.

J'étais la petite dernière. Un des récits mythiques de la famille concernait ma naissance. Mon père portait droit ses soixante-trois ans. Ma mère venait de fêter ses quarante-trois ans. Quand elle ne vit plus son sang, elle crut aux premiers signes de la ménopause et elle courut trouver son gynécologue, le docteur Mélas qui l'avait accouchée sept fois. Après l'avoir examinée, il partit d'un grand éclat de rire.

— Ça m'a fait tellement honte, racontait ma mère à ses amies, que pendant les premiers mois de ma grossesse, c'était comme si j'étais une fille-mère. J'essayais de cacher mon ventre devant moi.

Elle avait beau ajouter en me couvrant de baisers que sa kras à boyo*[1] était devenue son petit bâton de vieillesse, en entendant cette histoire, j'éprouvais à chaque fois le même chagrin : je n'avais pas été désirée.

Aujourd'hui, je me représente le spectacle peu courant que nous offrions, assis aux terrasses du Quartier latin dans le Paris morose de l'après-guerre. Mon père ancien séducteur au

1. Les mots signalés par un astérisque figurent dans le glossaire.

maintien avantageux, ma mère couverte de sompteux bijoux créoles, leurs huit enfants, mes sœurs yeux baissés, parées comme des châsses, mes frères adolescents, l'un d'eux déjà à sa première année de médecine, et moi, bambine outrageusement gâtée, l'esprit précoce pour son âge. Leurs plateaux en équilibre sur la hanche, les garçons de café voletaient autour de nous remplis d'admiration comme autant de mouches à miel. Ils lâchaient invariablement en servant les diabolos menthe :

— Qu'est-ce que vous parlez bien le français !

Mes parents recevaient le compliment sans broncher ni sourire et se bornaient à hocher du chef. Une fois que les garçons avaient tourné le dos, ils nous prenaient à témoin :

— Pourtant, nous sommes aussi français qu'eux, soupirait mon père.

— Plus français, renchérissait ma mère avec violence. Elle ajoutait en guise d'explication : Nous sommes plus instruits. Nous avons de meilleures manières. Nous lisons davantage. Certains d'entre eux n'ont jamais quitté Paris alors que nous connaissons le Mont-Saint-Michel, la Côte d'Azur et la Côte basque.

Il y avait dans cet échange un pathétique qui, toute petite que j'étais, me navrait. C'est d'une grave injustice qu'ils se plaignaient. Sans raison, les rôles s'inversaient. Les ramasseurs de pourboires en gilet noir et tablier blanc se hissaient au-dessus de leurs généreux clients. Ils possédaient tout naturellement cette identité française qui, malgré leur bonne mine, était niée, refusée à mes parents. Et moi, je ne comprenais pas en vertu de quoi ces gens orgueilleux, contents d'eux-mêmes, notables dans leur pays, rivalisaient avec les garçons qui les servaient.

Un jour, je décidai d'en avoir le cœur net. Comme chaque fois que j'étais dans l'embarras, je me tournai vers mon frère Alexandre qui s'était lui-même rebaptisé Sandrino « pour faire plus américain ». Premier de sa classe, les poches bourrées des billets doux de ses gamines, Sandrino me faisait l'effet du soleil dans le ciel. Bon frère, il me traitait avec une affection protectrice. Mais je ne me consolais pas d'être seulement sa petite sœur. Oubliée aussitôt qu'une taille de guêpe passait alentour ou qu'un match de football débutait. Est-ce qu'il y comprenait quelque chose au comportement de nos parents ? Pourquoi enviaient-ils si fort des gens qui de leur propre aveu ne leur arrivaient pas à la cheville ?

Nous habitions un appartement au rez-de-chaussée dans une rue tranquille du septième arrondissement. Ce n'était pas comme à La Pointe où nous étions vissés, cadenassés à la maison. Nos parents nous autorisaient à sortir autant que nous le voulions et même à fréquenter les autres enfants. En ce temps-là, cette liberté m'étonnait. Je compris plus tard qu'en France, nos parents n'avaient pas peur que nous nous mettions à parler le créole ou que nous prenions goût au gwoka* comme les petits-nègres* de La Pointe. Je me rappelle que ce jour-là nous

14

avions joué à chat perché avec les blondinets du premier et partagé un goûter de fruits secs, car Paris connaissait encore les pénuries. Pour l'heure, la nuit commençait de transformer le ciel en passoire étoilée. Nous nous apprêtions à rentrer avant qu'une de mes sœurs passe la tête par la fenêtre et nous hèle :

— Les enfants ! Papa et maman ont dit de venir.

Pour me répondre, Sandrino s'adossa contre une porte cochère. Sa figure joviale, encore marquée par les joues rondes de l'enfance, se recouvrit d'un masque sombre. Sa voix s'alourdit :

— T'occupe pas, laissa-t-il tomber. Papa et maman sont une paire d'aliénés.

Aliénés ? Qu'est-ce que cela voulait dire ? Je n'osai pas poser de questions. Ce n'était pas la première fois que j'entendais Sandrino faire des jeux avec mes parents. Ma mère avait accroché au-dessus de son lit une photo découpée dans *Ebony*. On y admirait une famille noire américaine de huit enfants comme la nôtre. Tous médecins, avocats, ingénieurs, architectes. Bref, la gloire de leurs parents. Cette photo inspirait les pires railleries à Sandrino qui, ignorant qu'il mourrait avant d'avoir seulement commencé sa vie, jurait qu'il deviendrait un écrivain célèbre. Il me cachait les premières pages de son roman, mais il avait l'habitude de me réciter ses poèmes qui me laissaient perplexe puisque, d'après lui, la poésie ne se comprenait pas. Je passai la nuit suivante à me tourner et me retourner dans mon lit au risque de réveiller ma sœur Thérèse qui

dormait au-dessus de ma tête. C'est que je ché-
rissais très fort mon père et ma mère. C'est vrai,
leurs cheveux grisonnants, les rides sur leurs
fronts ne me faisaient pas plaisir. J'aurais préféré qu'ils soient deux jeunesses. Ah! qu'on
prenne ma mère pour ma grande sœur comme
cela arrivait à ma bonne amie Yvelise quand sa
maman l'accompagnait au catéchisme. C'est
vrai, j'étais à l'agonie quand mon père émaillait
sa conversation de phrases en latin, qu'on pouvait trouver, j'en fis la découverte plus tard,
dans le *Petit Larousse illustré*. *Verba volent.*
Scripta manent. Carpe diem. Pater familias.
Deus ex machina. Je souffrais surtout des bas
deux tons trop clairs pour sa peau bon teint que
mère portait dans la chaleur. Mais je connaissais
la tendresse au fond de leurs cœurs et je savais
qu'ils s'efforçaient de nous préparer à ce qu'ils
croyaient être la plus belle des existences.

En même temps, j'avais trop de foi dans
mon frère pour douter de son jugement. À sa
mine, au ton de sa voix, je sentais qu'« aliénés », cette parole mystérieuse, désignait une
qualité d'affection honteuse comme la blennor-
ragie, peut-être même mortelle comme la fièvre
typhoïde qui l'année passée avait emporté des
quantités de gens à La Pointe. À minuit, à force
de coller tous les indices entre eux, je finis par
bâtir un semblant de théorie. Une personne aliénée est une personne qui cherche à être ce
qu'elle ne peut pas être parce qu'elle n'aime pas
être ce qu'elle est. À deux heures du matin, au

moment de prendre sommeil, je me fis le serment confus de ne jamais devenir une aliénée.

En conséquence, je me réveillai une tout autre petite fille. D'enfant modèle, je devins répliqueuse et raisonneuse. Comme je ne savais pas très bien ce que je visais, il me suffisait de questionner tout ce que mes parents proposaient. Une soirée à l'Opéra pour écouter les trompettes d'*Aïda* ou les clochettes de *Lakmé*. Une visite à l'Orangerie pour admirer les *Nymphéas*. Ou tout simplement une robe, une paire de souliers, des nœuds pour mes cheveux. Ma mère, qui ne brillait pas par la patience, ne lésinait pas sur les taloches. Vingt fois par jour, elle s'exclamait :

— Mon Dieu ! Qu'est-ce qui est passé dans le corps de cette enfant-là, non ?

Une photo prise à la fin de ce séjour en France nous montre au jardin du Luxembourg. Mes frères et sœurs en rang d'oignons. Mon père, moustachu, vêtu d'un pardessus à revers de fourrure façon pelisse. Ma mère, souriant de toutes ses dents de perle, ses yeux en amande étirés sous son taupé gris. Entre ses jambes, moi, maigrichonne, enlaidie par cette mine boudeuse et excédée que je devais cultiver jusqu'à la fin de l'adolescence, jusqu'à ce que le sort qui frappe toujours trop durement les enfants ingrats fasse de moi une orpheline dès vingt ans.

Depuis, j'ai eu tout le temps de comprendre le sens du mot « aliéné » et surtout de me demander si Sandrino avait raison. Mes parents étaient-ils des aliénés ? Sûr et certain, ils n'éprouvaient aucun orgueil de leur héritage africain. Ils l'ignoraient. C'est un fait ! Au cours de ces séjours en France, mon père ne prit jamais le chemin de la rue des Écoles où la revue *Présence africaine* sortait du cerveau d'Alioune Diop. Comme ma mère, il était convaincu que seule la culture occidentale vaut la peine d'exister et il se montrait reconnaissant envers la France qui leur avait permis de l'obtenir. En même temps, ni l'un ni l'autre n'éprouvaient le moindre sentiment d'infériorité à cause de leur couleur. Ils se croyaient les plus brillants, les plus intelligents, la preuve par neuf de l'avancement de leur Race de Grands-Nègres.

Est-ce cela être « aliéné » ?

Ma naissance

Indifférent comme à son habitude, mon père n'avait pas de préférence. Ma mère, elle, désirait une fille. La famille comptait déjà trois filles et quatre garçons. Cela égaliserait les camps. Passé la honte d'avoir été prise, à son âge respectable, en flagrant délit d'œuvre de chair, ma mère ressentit une grande joie de son état. De l'orgueil même. L'arbre de son corps n'était pas flétri, desséché. Il pouvait encore porter des fruits. Devant sa glace, elle regardait avec ravissement s'arrondir son ventre, rebondir ses seins, doux comme une paire de pigeons ramiers. Tout le monde lui faisait compliment de sa beauté. C'est qu'une nouvelle jeunesse activait son sang, illuminait sa peau et ses yeux. Ses rides s'estompaient magiquement. Ses cheveux poussaient, poussaient, touffus comme une forêt et elle faisait son chignon en fredonnant, chose rare, une vieille chanson créole qu'elle avait entendu chanter à sa mère morte cinq ans plus tôt :

Sura an blan,
Ka sanmb on pijon blan
Sura an gri,
Ka sanmb on toutewel*.

Pourtant, son état tourna vite à la mauvaise grossesse. Quand les nausées cessèrent, les vomissements prirent la relève. Puis, les insomnies. Puis, les crampes. Des mordants à crabe tenaillaient ses mollets à les couper. À partir du quatrième mois, elle fut épuisée, en nage au moindre mouvement. Tenant son parasol d'un poignet sans force, elle poussait son corps dans la chaleur torride du carême jusqu'à Dubouchage où elle s'obstinait à faire classe. En ce temps-là, on ne connaissait pas ces scandaleux congés de maternité; quatre semaines avant l'accouchement, six semaines après; ou vice versa. Les femmes travaillaient jusqu'à la veille de leur délivrance. Quand, vannée, elle arrivait à l'école, elle se laissait tomber de tout son poids sur un fauteuil dans le bureau de la directrice, Marie Célanie. Dans son for intérieur, celle-ci estimait qu'à quarante ans passés, avec un mari déjà vieux-corps, on ne fait plus l'amour. C'est bon pour les jeunesses. Pourtant, elle ne manifestait rien de ces pensées peu charitables. Elle épongeait la sueur du front de son amie et lui donnait à boire de l'alcool de menthe dilué dans de l'eau glacée. Sous la brûlure du mélange, ma mère retrouvait sa respiration, et prenait le chemin de sa classe. En l'attendant, ses élèves, qui la craignaient, n'en profitaient pas pour faire du désordre. Têtes baissées, elles s'appliquaient comme si de rien n'était sur leurs pages d'écriture.

Heureusement pour le repos, plus que le dimanche avec sa grand-messe devenue une corvée, il y avait le jeudi. Ce jour-là, mes aînés étaient sommés de se faire oublier. Ma mère gardait le lit, montagne de chair sous les draps de toile brodée, dans la pénombre de sa chambre, car toutes les persiennes restaient fermées. Le ventilateur ronronnait. Vers dix heures, Gitane, chargée du ménage, avait fini de promener son plumeau sur les meubles, de battre les tapis et de boire sa énième tasse de kiololo. Elle montait alors des brocs d'eau chaude et assistait ma mère à sa toilette. Celle-ci s'asseyait dans la baignoire en zinc, son ventre en obus coiffé d'un nombril barbare pointant devant elle, tandis que la bonne lui récurait le dos d'un bouchon de feuillage. Ensuite, Gitane l'épongeait avec un drap de bain, la farinait de poudre de talc, blanc comme poisson qui va frire, et l'aidait à enfiler une chemise de nuit en coton brodé avec des jours. Après quoi, ma mère se recouchait et somnolait jusqu'au retour de mon père. La cuisinière avait beau préparer de petits plats : blanc de poulet, vol-au-vent de lambi, feuilleté de chatrou, ouassous à la nage, ma mère, qui avait des envies, repoussait les plateaux, chagrinée :

— Je veux des acras pisquettes !

Pas découragée, la cuisinière se précipitait à nouveau derrière son potager* tandis que mon père impatienté, jugeant que sa femme s'écoutait trop, mais se gardant de trahir son humeur, s'absorbait dans la lecture du *Nouvelliste*. C'est avec un sentiment de libération que vers deux heures de l'après-midi, après un baiser posé en vitesse sur le front moite, il quittait la chambre à coucher qui sentait la fleur d'oranger et l'*asa foetida* et qu'il retrouvait le grand soleil. Quelle chance d'être à l'abri de toutes ces dégoûtasseries ! Règles, grossesses, accouchements, ménopauses ! Dans sa satisfaction d'être un homme, il bombait le torse en traversant la place de la Victoire. Les gens le reconnaissaient et le prenaient pour ce qu'il était : un vaniteux. Ce fut une période où, sans commettre rien de bien coupable, mon père se rapprocha des amis qu'il avait négligés parce qu'ils déplaisaient à ma mère. Il reprit goût à des tournois de belote ou de dominos qu'elle trouvait communs et fuma énormément de cigares Montecristo.

Vers son septième mois, les jambes de ma mère commencèrent à enfler. Un matin, elle se réveilla avec deux poteaux striés d'un lacis de veines gonflées qu'elle pouvait à peine bouger. C'était le signe grave qu'elle faisait de l'albumine. Du coup, le docteur Mélas lui prescrivit le repos absolu, finie l'école, et un régime très strict, plus un grain de sel. Désormais, ma mère se nourrit de fruits. Des sapotilles. Des bananes. Du raisin. Des pommes France surtout, rondes et rouges comme les joues du bébé Cadum. Mon père les commandait par cageots entiers à un ami, commerçant sur les quais. La cuisinière les préparait en compote, au four avec la cannelle et la cassonade, en beignets. L'odeur de ces fruits qui mûrissaient trop vite s'infiltrait, têtue, du rez-de-chaussée jusqu'aux chambres à coucher du deuxième étage et tournait le cœur de mes frères et sœurs.

Chaque après-midi, vers cinq heures, les bonnes amies de ma mère s'asseyaient autour de son lit. Comme mon père, elles jugeaient qu'elle s'écoutait trop. Aussi faisaient-elles la sourde oreille quand ma mère commençait de geindre et elles lui contaient les faits de La Pointe : les baptêmes, les mariages, les décès. Figure-toi, le magasin de matériaux de construction Pravel a brûlé comme une allumette ! Des débris, on avait retiré les corps calcinés de cinq ouvriers et M. Pravel, un blanc-pays, un sans-cœur, ils le sont tous, s'en moquait pas mal. On parlait de grève. Ma mère, qui en temps normal ne se souciait pas de problèmes sociaux, s'y intéressait moins que jamais. Elle revenait à elle-même : j'avais bougé dans son ventre. Je lui avais décoché mon premier coup de pied. Fameux ! Si, à Dieu ne plaise, j'étais un garçon, je serais un footballeur de première.

Le terme de ma mère finit par arriver. Elle était tellement énorme qu'elle n'entrait plus dans sa baignoire et passait le temps dans son lit ou sa berceuse. Elle avait rempli trois paniers caraïbes avec mes effets et les faisait admirer à ses amies. Dans l'un, les casaques en batiste, en soie ou en dentelle ainsi que les chaussons crochetés au fil DMC, le burnous, les bonnets, les bavoirs, le tout en rose. Dans l'autre, les gilets et les couches de deux qualités : en tissu-éponge ou simples pointes en coton. Dans le troisième, les draps brodés, les courtepointes, les serviettes de toilette... Il y avait aussi des bijoux dans une jolie boîte en papier mâché : une gourmette sans nom gravé, bien sûr, une chaîne de cou avec sa grappe de médailles pieuses, un amour de broche. Ensuite, sur la pointe des pieds, les visiteuses pénétraient dans le saint des saints : la pièce qui m'était destinée, un ancien débarras transformé au flanc de la chambre de mes parents. Ma mère était très fière d'une reproduction de la Visitation, l'ange Gabriel, sa fleur de lys au poing, que j'ai considérée toute mon enfance sur une des cloisons, et, posée sur la table de chevet, d'une veilleuse en forme de pagode chinoise qui distillait une lumière rose.

Cependant, c'était le carnaval et La Pointe était en chaleur. En fait, il y avait deux carnavals. L'un bourgeois, avec demoiselles déguisées et défilés de chars sur la place de la Victoire et l'autre, populaire, le seul qui importait. Le dimanche, les bandes de mas* sortaient des faubourgs et convergeaient vers le cœur de la ville. Mas à fèye, mas à konn, mas à goudron. Moko zombi* juchés sur leurs échasses. Les fouets claquaient. Les sifflets défonçaient les tympans et le gwoka* battait à coups qui faisaient verser la bassine d'huile jaune du soleil. Les mas remplissaient les rues, inventaient mille facéties, caracolaient. La foule se battait sur les trottoirs pour les regarder. Les gens de bien, chanceux, se massaient sur les balcons et leur

24

lançaient des pièces à la volée. Ces jours-là, on ne pouvait retenir Sandrino à la maison. Il disparaissait. Parfois, les bonnes qui partaient à sa recherche le retrouvaient enivré, les habits maculés de taches qui résistaient à la Javel. Mais c'était rare. En général, il réapparaissait à la nuit et, sans un gémissement, il recevait les raclées à coups de cuir que lui administrait mon père.

Le matin du Mardi gras, vers dix heures, des douleurs qu'elle crut reconnaître saisirent ma mère : les premières contractions. Bientôt, pourtant, elles s'espacèrent et la laissèrent tranquille. Le docteur Mélas, quéri en hâte, assura après examen que rien ne se passerait avant le lendemain. À midi, ma mère mangea de bon appétit les beignets de la cuisinière, en redemanda même et trinqua une coupe de vin mousseux avec mon père. Elle eut l'énergie de composer un sermon édifiant à l'adresse de Sandrino que Gitane venait de rattraper, la chemise flottant comme un drapeau, à l'angle de la rue Dugommier. Sous peu, le Bon Dieu lui ferait cadeau d'une petite sœur (ou d'un petit frère) qu'il aurait mission de guider de ses conseils et bons exemples. Ce n'était pas le moment de faire le brigand. Sandrino écoutait avec ce scepticisme qu'il réservait à tous les propos de mes parents. Il n'avait envie de servir d'exemple à personne et n'avait que faire d'un nouveau-né. Pourtant, m'assura-t-il, il m'aima tout de suite quand, quelques heures plus tard, il me vit tellement laide et chétive dans ma parure digne d'une princesse.

À une heure de l'après-midi, déferlant de tous les coins des faubourgs, les mas envahirent La Pointe. Quand les premiers coups de gwoka firent trembler les piliers du ciel, comme si elle n'attendait que ce signal-là, ma mère perdit les eaux. Mon père, mes aînés, les servantes s'affolèrent. Pas de quoi ! Deux heures plus tard, j'étais née. Le docteur Mélas arriva pour me recueillir, toute visqueuse, dans ses larges mains. Il devait répéter à qui voulait l'entendre que j'étais passée comme une lettre à la poste.

Il me plaît de penser que mon premier hurlement de terreur résonna inaperçu au milieu de la liesse d'une ville. Je veux croire que ce fut un signe, signe que je saurais dissimuler les plus grands chagrins sous un abord riant. J'en voulus à ma grande sœur Émilia qui elle aussi était née au milieu des pétarades et des feux d'artifice d'un 14 Juillet. Elle volait à ma naissance ce qui lui donnait à mes yeux son caractère unique. Je fus baptisée en grande pompe un mois plus tard. Selon la coutume des familles nombreuses, mon frère René et ma sœur Émilia furent mes parrain et marraine.

Quand, dix fois par jour, par le menu et le détail, ma mère me faisait le récit des incidents bien ordinaires qui avaient précédé ma naissance, ni éclipse de lune ou de soleil, ni chevauchements d'astres dans le ciel, ni tremblements de terre, ni cyclones, j'étais toute petite, assise contre elle, sur ses genoux. Rien ne me faisait comprendre pourquoi je n'étais pas restée à l'intérieur de son ventre. Les couleurs et les lumières du monde autour de moi ne me consolaient pas de l'opacité où, neuf mois durant, j'avais circulé, aveugle et bienheureuse avec mes nageoires de poisson-chat. Je n'avais qu'une seule envie : retourner là d'où j'étais venue et, ainsi, retrouver un bonheur que, je le savais, je ne goûterais plus.

Lutte des classes

À La Pointe, en mon temps, il n'y avait pas de maternelles ni de jardins d'enfants. Aussi, les petites écoles payantes proliféraient. Certaines s'attribuaient des noms pompeux : « Cours privé Mondésir ». D'autres, des noms rigolos : « Les Bambinos ». Mais la plus cotée, celle où les gens qui se croyaient grands bourgeois envoyaient leurs enfants, était l'école des sœurs Rama, Valérie et Adélaïde. Elle était située dans une petite rue paisible, derrière la cathédrale Saint-Pierre-et-Saint-Paul, au rez-de-chaussée d'une maison haute et basse qui donnait sur une cour plantée de manguiers qui en toute saison ombrageaient les jeux des élèves. Les sœurs Rama étaient deux vieilles demoiselles d'apparence identique au premier coup d'œil. Très noires, presque bleues. Minces, voire sèches. Le cheveu soigneusement décrêpé, tiré en chignon. Vêtues de couleurs sombres, hivernage et carême, comme si elles portaient le deuil d'existences d'épouses et de mères. À les examiner de près cependant, on remarquait que Valérie avait un signe de chair* au-dessus de la lèvre supérieure, plus gros qu'un bouton de manchette, qu'Adélaïde riait avec les dents écartées du bonheur et était tout de même moins compassée. Elle ajoutait parfois un col de dentelle à ses robes et souvent la blancheur de son jupon dépassait.

Valérie comme Adélaïde étaient fort cultivées. Ceux qui avaient accès au bureau qu'elles partageaient au premier étage admiraient les cloisons entièrement tapissées de livres reliés pleine peau. Tout Victor Hugo. Tout Balzac. Tout Émile Zola. On admirait aussi dans son lourd encadrement la figure austère, quoique égayée d'une somptueuse paire de bacchantes, de leur défunt père. Il avait été le premier juge d'instruction noir de la Guadeloupe. Ma mère qui, j'ignore pourquoi, n'aimait pas les sœurs Rama déplorait vivement que cette belle lignée s'apprête à s'éteindre. Pourquoi ni Valérie ni Adélaïde n'avaient-elles trouvé preneurs à leur goût ? Ma mère jouissait d'une telle réputation que les sœurs Rama refusèrent dans un premier temps de me compter parmi les fillettes à qui elles apprenaient à chanter *Frère Jacques* ou *Savez-vous planter des choux*. Elles ne se laissèrent fléchir qu'à la condition de pouvoir m'administrer une correction à chaque fois que je le mériterais. Ma mère ronchonna beaucoup :

— Comment cela une correction ? Je ne veux pas qu'on touche mon enfant !

Mais, exceptionnellement, mon père eut le dernier mot et je fis ma rentrée. Pendant ces pre-

30

mières années, l'école fut pour moi la félicité. Je n'avais pas encore commencé de la haïr, de la considérer comme une prison où l'on est sommé de se conformer à des règles dénuées de signification.

Dans notre milieu, toutes les mères travaillaient, et c'était leur grande fierté. Elles étaient pour la plupart institutrices et ressentaient le plus vif mépris pour les tâches manuelles qui avaient tellement défait leurs mères. Pour nous, pas de manmans restant à la maison en golle défraîchie, nous accueillant avec de gros baisers sur le pas de la porte, après leur journée à laver et repasser le linge avec des carreaux brûlants ou à faire bouillir des racines et, le soir, nous racontant les contes créoles de Zamba ou de Lapin. À cinq ans, nous savions tout des malheurs de Peau d'Âne. À sept, tout de ceux de Sophie. Nos pères, eux aussi, partaient très tôt, cravatés, costumés de drill blanc raide empesé, coiffés de casques coloniaux qui ne les empêchaient pas de suer à grosses gouttes. C'est donc sous la conduite d'une bonne que nous allions à l'école en troupe d'enfants du même quartier. Cette bonne devait être une personne de toute confiance. L'assemblée des parents rejeta à l'unanimité Olga, la bonne des Clavier, une fofolle qui faisait partie d'une compagnie de mas et en carnaval déboulait dans les rues, couverte de goudron. Elle récusa également la bonne des Roseau qui avait la fâcheuse habitude de se poster aux coins des rues pour converser avec ses galants. Et la bonne des Écanville, trop jeune.

Le choix se porta sur Madonne, notre propre bonne, qui avait la cinquantaine. Une grande chabine triste qui laissait ses six enfants se débrouiller comme ils pouvaient sur le morne Udol et qui, dès cinq heures du matin, faisait couler le café dans notre cuisine. Madonne n'était pas sévère. Elle se contentait de marcher devant nous et de frapper de temps à autre dans ses mains à mon intention, car j'étais toujours en queue de peloton, tête levée à m'aveugler avec l'éclat du soleil ou à me rassasier d'exploits imaginaires. Elle me permettait de ramasser des graines d'église sur la place de la Victoire dans l'idée de les enfiler en collier. Au lieu d'un chemin direct, elle faisait des tours et des détours. Pour toutes ces raisons, nous nous trouvâmes bien chagrinées quand le drame survint.

Un matin, Madonne commit la faute impardonnable de ne pas se présenter à son travail. Une de mes sœurs dut préparer le petit déjeuner. Une autre, nous conduire à l'école. Vers la fin de la journée, alors qu'on ne l'espérait pas, un de ses garçons se présenta chez nous. Il marmonna dans son mauvais français que sa manman avait dû emmener sa fille, gravement malade, à l'hospice Saint-Jules et que non seulement elle avait besoin d'une avance sur son mois, mais qu'elle demandait plusieurs jours de congé. Ma mère calcula rapidement, paya tout ce qu'elle devait et renvoya Madonne sur-le-champ, attitude qui fut diversement commentée par les autres parents. Dans leur ensemble, ils jugèrent que ma mère avait tort. On le savait déjà, c'était une sans-entrailles. Après cela, je crois que ma sœur Thérèse fut chargée de nous mener chez les sœurs Rama. À quelques jours de là, comme, un après-midi, je traînais bonne dernière de la troupe à mon habitude, je me trouvai nez à nez avec un garçon massif et haut, en tout cas c'est ainsi qu'il me parut. Il murmura de manière à ce que je sois la seule à l'entendre :

— Bou-co-lon (il martelait les trois syllabes de mon nom avec férocité), an ké tchouyé-w* !

Puis, il s'avança sur moi d'un air plus terrifiant encore comme s'il allait joindre le geste à la parole. De toute la vitesse de mes jambes, je courus me mettre en sûreté à la tête du petit cortège. Le lendemain matin, je ne le vis pas. Hélas ! à quatre heures de l'après-midi, le cœur tremblant d'effroi, je le reconnus debout à un coin de la rue. Le pire est qu'il avait tout d'un enfant ordinaire. Ni plus sale ni plus en désordre qu'un autre. Chemisette et short kaki, sandalettes aux pieds. Je rentrai chez moi, ma main fermement accrochée à celle de Thérèse qui n'en revenait pas. Pendant quelques jours, je ne le revis pas et je voulus croire que j'avais fait un mauvais rêve. Puis, il réapparut alors que, l'esprit oublieux, je sautais à cloche-pied en me marmonnant une histoire. Cette fois, il ne se contenta pas de me menacer. Il m'envoya valser à terre d'une bourrade dans le côté. Quand la violence de mes hurlements ramena Thérèse auprès de moi, il était parti. Elle affirma que je mentais puisque je mentais tout le temps, répétait-on à la maison. Ce manège dura, me semble-t-il, des semaines. Le garçon se montrait rarement le matin et n'était pas régulier non plus les après-midi. Aussitôt que j'étais persuadée de ne plus jamais le revoir, il resurgissait, plus effrayant encore. La plupart du temps, il ne pouvait pas me toucher. Aussi, il se contentait de m'adresser de loin les grimaces les plus horribles et les gestes les plus obscènes. J'en vins à pleurer dès qu'il me fallait m'aventurer au-dehors et, tout le long du trajet qui menait à l'école, à m'accrocher désespérément aux jupes de Thérèse. Ma mère allait se résoudre à m'emmener consulter le docteur Mélas, car la constance de mon délire l'inquiétait, quand Adélaïde Rama finit par remarquer un gamin qui tournait fréquemment autour de l'école aux heures de sortie. Quand elle essaya de l'approcher, il détala comme s'il avait mauvaise conscience. Sa description correspondait à la mienne. Il ne ressemblait ni à un vaurien ni à un sacripant. Peut-être un orphelin. On me crut. Désormais, mon père m'escorta lui-même sur le chemin de l'école. Sa main enserrait mon poignet, sèche comme une menotte de gendarme. Il marchait tellement vite que je devais courir pour garder le même pas que lui. Il traversait les rues de son allure de géant, au nez des voitures qui klaxonnaient pour l'avertir. Mais le but fut atteint : le garçon prit peur. Il disparut. À jamais.

Chacun chercha une explication au mystère. Qui était mon agresseur ? Que me voulait-il réellement ? Mes parents m'offrirent la leur. Le monde se divisait en deux classes : la classe des enfants bien habillés, bien chaussés, qui s'en vont à l'école pour apprendre et devenir quelqu'un. L'autre classe, celle des scélérats et des envieux qui ne cherchent qu'à leur nuire. La première classe ne doit donc jamais traîner en marchant et à tout instant se garder.

L'explication de Sandrino me séduisit bien davantage. Elle était plus convaincante parce que plus romanesque. D'après lui, il avait vu Madonne passer à plusieurs reprises dans notre quartier, habillée en grand deuil, car sa fille était morte à l'hospice Saint-Jules. Son fils, outré du malheur de sa mère et de l'injustice que notre famille lui avait faite, avait pris la résolution de la venger. Il s'était — lâchement peut-être — attaqué à moi, le membre le plus vulnérable.

— Les pères, concluait Sandrino gravement, ont mangé des raisins verts et les dents des enfants sont agacées.

Yvelise

Ma meilleure amie, que je connaissais depuis le cours préparatoire à l'école Dubouchage, se nommait Yvelise. Aimante, rieuse comme une libellule, de caractère aussi égal que le mien était lunatique disait mon entourage. Je lui enviais son prénom formé par addition de ceux de son père et de sa mère : Yves et Lise. C'est que je n'aimais guère le mien. Mes parents avaient beau me répéter que c'était celui de deux valeureuses aviatrices qui avaient accompli je ne sais quel raid aérien peu avant ma naissance, cela ne m'impressionnait pas du tout. Quand Yvelise et moi marchions bras dessus bras dessous sur la place de la Victoire, les gens peu informés des relations familiales à La Pointe nous demandaient si nous étions jumelles. Nous ne nous ressemblions pas, mais nous étions de même couleur, pas trop noires noires, pas rouges non plus, de même hauteur, pareillement gringalettes, tout en jambes osseuses et gros genoux, souvent habillées de robes semblables.

Bien que sa cadette de quelque dix ans, Lise comptait parmi les meilleures amies de ma mère. Elles avaient le même statut envié dans la société, toutes deux étant institutrices, mariées à des hommes à l'aise matériellement. Mais alors que ma mère s'appuyait sur un partenaire sans reproche, Yves était un coureur fini. Lise n'avait jamais pu garder une servante ou une bonne amie excepté ma mère. Yves avait donné un ventre à chacune des petites parentes de la campagne qu'on lui avait confiées pour leur éducation. En fait, quand Lise et ma mère étaient ensemble, ma mère passait le temps à écouter un poignant récit d'infortunes conjugales et, en retour, à prodiguer ses conseils. Elle n'y allait pas par quatre chemins, recommandant le divorce avec forte pension alimentaire. Lise faisait la sourde oreille parce qu'elle adorait son beau nègre, tout voltigeur qu'il était.

Mon bonheur fut complet quand Yvelise quitta Les Abymes et vint habiter rue Alexandre-Isaac. Une maison voisine de la nôtre et presque aussi belle. Deux étages peinturés en blanc et bleu. Des bougainvillées en pots sur le balcon. L'électricité. L'eau courante. Sous prétexte de l'aider dans ses devoirs et ses leçons, j'étais constamment fourrée chez elle. J'aurais aimé vivre là. Sa mère, absorbée par ses déboires amoureux, n'était pas sur notre dos. Son père, les rares fois où il était à la maison, se comportait en joyeux bougre, rieur et blagueur. Ce n'était certes pas un sentencieux comme mon père. Et surtout, pour un oui, pour un non, ses trois frères baissaient leurs shorts et me montraient leur kiki. Parfois même, ils me laissaient toucher.

Le matin, cartable au dos, à la garde de ses frères trop occupés à traquer la gamine pour nous surveiller, nous trottions du même trot vers notre nouvelle école, le Petit Lycée. Je me rappelle le bonheur de ces courses dans une ville qui, semblait-il, n'appartenait qu'à nous, les enfants. Le soleil moussait comme un clairin. Les voiliers de Marie-Galante se pressaient dans la darse. Les marchandes étalées à même le sol sur leurs larges fessiers offraient des topinambours et des dannikites*. On vendait du jus de canne dans des timbales de fer-blanc. Le Petit Lycée venait de s'ouvrir rue Gambetta et nos parents, par pure vanité, s'étaient bousculés pour nous y inscrire. Je ne m'y plaisais pas. D'abord, j'avais perdu mon prestige d'enfant-d'une-des-maîtresses. Ensuite, on y était à l'étroit. C'était une ancienne maison bourgeoise qui ressemblait à celle où nous logions. Salles de bains et cuisines avaient été transformées en salles de classe. Nous ne pouvions pas faire notre désordre dans la minuscule cour de récréation où nous jouions sagement à la marelle.

À l'école, tout me séparait d'Yvelise.

Oui, nous étions dans la même classe. Oui, nous étions assises côte à côte dans nos robes souvent pareilles. Mais, tandis que je continuais sans effort d'être première partout, Yvelise était bonne dernière. Si ses parents n'avaient pas été ce qu'ils étaient, elle n'aurait jamais franchi le seuil du Petit Lycée. Yvelise ne lisait pas, elle ânonnait. Elle réfléchissait un long moment pour découvrir ce que font mystérieusement 2 et 2. Ses dictées comportaient cinquante fautes. Elle était incapable de retenir une fable de La Fontaine. Quand la maîtresse l'appelait au tableau, dans son désespoir, Yvelise se tordait et gigotait tellement que la classe rugissait de rire. Il n'y avait qu'en solfège et musique qu'elle excellait, car le Bon Dieu l'avait dotée d'une voix de rossignol. La maîtresse de piano lui faisait chanter en solo la barcarolle des *Contes d'Hoffmann*. Qu'Yvelise soit mauvaise élève n'affectait en rien nos relations. Cela ne faisait qu'éveiller mon instinct protecteur. J'étais son chevalier Bayard. Celles qui voulaient se moquer d'elle devaient d'abord en découdre avec moi.

Je n'étais pas la seule au Petit Lycée à affectionner Yvelise. Pour sa douceur de caractère, notre maîtresse, Mme Ernouville, l'adorait. Si j'étais sa bête noire à cause de mon indiscipline et surtout de ma manière, imitée de Sandrino, de me moquer de tout le monde, même des personnes, précisait-elle, qui en savaient plus que moi, Yvelise était sa petite doudou. Elle avait plus d'une fois engagé la directrice, amie de Lise, à mettre cette dernière en garde contre la mauvaise fréquentation que je représentais. Cette maîtresse-là, moi non plus, je ne la portais pas dans mon cœur. Elle était courte et grasse. Claire de peau comme une albinos. Elle parlait avec un accent nasal et grasseyant à la fois, transformant tous les *r* en *w*, insinuant un *y* devant les voyelles, ouvrant tous les *o*. Aux dictées, elle prononçait « un print » au lieu d'« un point ». C'était l'antithèse de ma mère et peut-être déjà de mon image de la femme.

Je croyais mes rapports d'amitié avec Yvelise éternels, bâtis sur le roc d'une fondation inébranlable. Pourtant, par sa méchanceté et la perversité de son esprit, Mme Ernouville faillit y mettre un terme.

Au mois de décembre, comme en cette fin d'année elle brillait moins que jamais par le zèle et par l'imagination, elle nous donna à rédiger un sujet bien peu original : « Décrivez votre meilleure amie. »

Ce devoir m'ennuya. Je le bâclai et n'y songeai plus, une fois remis mon cahier de français. Quelques jours plus tard, Mme Ernouville en débuta la correction par cette sentence :

— Maryse, huit heures de colle à cause des quantités de méchancetés que tu as écrites sur Yvelise.

Méchancetés ? Là-dessus, elle se mit à lire ma rédaction de sa voix graillonneuse : « Yvelise n'est pas jolie Elle n'est pas non plus intelligente. » Les élèves pouffèrent de rire et, du coin de l'œil, lorgnèrent Yvelise qui, blessée par cette franchise brutale, faisait piteuse figure. Mme Ernouville poursuivit sa lecture. Avec la même maladresse, je m'efforçais ensuite d'expliquer le mystère de l'amitié entre la cancre et la surdouée. À vrai dire, les choses en seraient restées là, quelques ricanements d'élèves, une bouderie passagère d'Yvelise trop bonne pour garder longtemps gros cœur, si Mme Ernouville n'avait décidé de faire un rapport à la directrice sur ce qu'elle appelait ma méchanceté. Celle-ci, outrée, informa la mère d'Yvelise qui reprocha violemment à ma mère l'éducation qu'elle me donnait. J'avais traité sa fille de laideron demeuré. Qu'est-ce que je me croyais, hein ? J'étais le digne rejeton d'une famille où l'on pétait plus haut que ses fesses, d'une famille de nègres qui se prenaient pour ce qu'ils n'étaient pas. Ma mère s'offusqua de ces propos. Mon père aussi. À son tour, le père d'Yvelise prit la mouche. Bref, les grandes personnes entrèrent dans la danse et oublièrent l'origine enfantine de cette querelle. La conséquence fut que ma mère m'interdit de mettre les pieds chez Yvelise.

Je dus obéir et j'en fus à l'agonie. Chez l'enfant, l'amitié a la violence de l'amour. Privée d'Yvelise, je ressentis une douleur constante, pénétrante comme un mal aux dents. Je ne dormais plus. Je n'avais plus faim et flottais dans mes robes. Rien ne me distrayait : ni mes jouets tout neufs de la Noël, ni les clowneries de Sandrino, ni même les spectacles en matinée à la Renaissance. Moi qui adorais le cinéma, je ne prêtais plus aucune attention aux films de Shirley Temple. Dans ma tête, je composai mille lettres à Yvelise dans lesquelles je m'expliquais et tentais de m'excuser. Pourtant, m'excuser de quoi ? Qu'est-ce qu'on me reprochait ? D'avoir dit la vérité ? C'est vrai qu'Yvelise était loin d'être une beauté. Sa mère le lui rappelait en soupirant à la moindre occasion. C'est vrai qu'elle ne faisait rien à l'école. Tout le monde le savait. Les congés de Noël durèrent une éternité. Enfin, le Petit Lycée rouvrit ses portes. Yvelise et moi nous retrouvâmes dans la cour de récréation. À son regard sans joie qui m'effleurait timidement, à sa bouche sans sourire, je sus qu'elle avait souffert autant que moi. Je m'approchai d'elle et lui tendis ma barre de chocolat en murmurant d'une voix suppliante :

— Tu veux la moitié ?

Elle fit oui de la tête et me tendit la main du pardon. En classe, nous reprîmes nos places habituelles et Mme Ernouville n'osa pas nous séparer.

Jusqu'aujourd'hui, mon amitié avec Yvelise, après l'éclipse de l'adolescence, a résisté à d'autres drames.

Leçon d'histoire

Souvent, après le dîner qu'Adélia servait à sept heures du soir tapantes, mon père et ma mère, se tenant par le bras, sortaient prendre la fraîcheur. Ils descendaient notre rue jusqu'à la somptueuse maison entre cour et jardin des Lévêque, des blancs-pays qu'on voyait à la grand-messe, le père, la mère, cinq enfants et une tante demoiselle montée en graine sous sa mantille, mais qui, le reste du temps, semblaient vivre derrière rideaux baissés et portes closes. Après quoi mes parents tournaient à gauche et en passant devant le cinéma-théâtre la Renaissance, ils jetaient un coup d'œil de mépris aux affiches des premiers films américains en technicolor. Ils haïssaient l'Amérique sans y avoir jamais mis les pieds parce qu'on y parlait anglais et parce que ce n'était pas la France. Ils faisaient le tour de la darse humant la brise qui venait de la mer, poussaient jusqu'au quai Ferdinand-de-Lesseps où une odeur de morue salée s'accrochait toujours aux branches basses des amandiers-pays, revenaient vers la place de la

Victoire et, après avoir monté et descendu trois fois l'allée des Veuves, ils s'asseyaient sur un banc. Ils demeuraient là jusqu'à neuf heures et demie. Puis, se levaient avec ensemble et rentraient à la maison par le même chemin tortueux.

Ils me traînaient toujours derrière eux. Parce que ma mère était toute fière d'avoir une si jeune enfant dans son âge plus que mûr et aussi parce qu'elle n'était jamais en paix lorsque je me trouvais loin d'elle. Moi, je ne prenais aucun plaisir dans ces promenades. J'aurais préféré rester à la maison avec mes frères et sœurs. Sitôt que mes parents leur avaient donné dos, ils commençaient à chahuter. Mes frères s'entretenaient avec leurs gamines sur le pas de la porte. Ils mettaient des disques de biguine sur le phonographe, se racontaient toutes espèces de blagues en créole. Sous le prétexte qu'une personne bien élevée ne mange pas dans la rue, au cours de ces sorties, mes parents ne m'offraient ni pistaches bien grillées, ni sukakoko. J'en étais réduite à convoiter toutes ces douceurs et à me poster devant les marchandes dans l'espoir que malgré mes vêtements achetés à Paris, elles me prendraient en pitié. Des fois, la ruse marchait et l'une d'entre elles, la figure à moitié éclairée par son quinquet, me tendait une main pleine :

— Tiens pour toi ! Pitit à manman !

En plus, mes parents ne s'occupaient guère de moi et parlaient entre eux. De Sandrino qu'on avait encore menacé de renvoyer du lycée. D'une de mes sœurs qui n'étudiait pas à l'école.

D'investissements financiers, car mon père était un excellent gestionnaire. Encore et surtout de la méchanceté de cœur des gens de La Pointe qui n'en revenaient pas que des nègres réussissent leur vie comme ils réussissaient la leur. À cause de cette paranoïa de mes parents, j'ai vécu mon enfance dans l'angoisse. J'aurais tout donné pour être la fille de gens ordinaires, anonymes. J'avais l'impression que les membres de ma famille étaient menacés, exposés au cratère d'un volcan dont la lave en feu risquait à tout instant de les consumer. Je masquais ce sentiment tant bien que mal par des affabulations et une agitation constantes, mais il me rongeait.

Mes parents s'asseyaient toujours sur le même banc, contre le kiosque à musique. S'il était occupé par des indésirables, ma mère restait plantée devant eux, battant la mesure du pied, avec une mine tellement impatiente qu'ils ne tardaient pas à déguerpir. Seule, je m'amusais comme je pouvais. Je sautais à cloche-pied dans les allées. Je shootais des cailloux. J'écartais les bras et je devenais un avion qui s'élève dans les airs. J'interpellais les étoiles et le croissant de lune. À voix haute, avec de grands gestes, je me racontais des histoires. Un soir au milieu de mes jeux solitaires, une petite fille surgit de la noirceur. Blondinette, mal fagotée, une queue de cheval fadasse dans le dos. Elle m'apostropha en créole :

— Ki non a-w* ?

Je me demandai en mon for intérieur pour qui elle me prenait. Pour l'enfant de rien du tout ?

Espérant produire mon petit effet, je déclinai mon identité avec emphase. Elle ne sembla pas ébranlée, car il était visible qu'elle entendait mon patronyme pour la première fois et elle poursuivit avec la même autorité, toujours en créole :

— Moi, c'est Anne-Marie de Surville. On va jouer ! Mais attention, ma maman ne doit pas me voir avec toi sinon, elle me battrait.

Je suivis son regard et j'aperçus quelques femmes blanches immobiles, assises de dos, les cheveux flottant uniformément sur les épaules. Les façons de cette Anne-Marie ne me plaisaient pas du tout. Un moment, je fus tentée de tourner les talons et de rejoindre mes parents. En même temps, j'étais trop heureuse de trouver une partenaire de mon âge même si elle me commandait comme à sa servante.

Immédiatement, Anne-Marie prit la direction de nos jeux et, toute la soirée, je me soumis à ses caprices. Je fus la mauvaise élève et elle me tira les cheveux. En plus, elle releva ma robe pour m'administrer la fessée. Je fus le cheval. Elle monta sur mon dos et elle me bourra les côtes de coups de pied. Je fus la bonne et elle me souffleta. Elle m'abreuvait de gros mots. Je frémissais en entendant voler les *kouni à man-man a-w** et les *tonnè dso** interdits. Finalement, une ultime taloche me fit tellement mal que je courus me réfugier dans les bras de ma mère. Dans ma honte, je ne m'expliquai pas. Je prétextai que j'avais pris un saut et laissai mon bourreau gambader en toute impunité près du kiosque à musique.

Le lendemain, Anne-Marie m'attendait au même endroit. Pendant plus d'une semaine, elle fut fidèle au poste et je me livrai sans protester à ses sévices. Après qu'elle eut manqué m'éborgner, je finis par protester, lassée de sa brutalité :

— Je ne veux plus que tu me donnes des coups.

Elle ricana et m'allongea une vicieuse bourrade au creux de l'estomac :

— Je dois te donner des coups parce que tu es une négresse.

J'eus la force de m'éloigner d'elle.

Sur le chemin du retour, j'eus beau méditer sa réponse, je ne lui trouvai ni rime ni raison. Au moment du coucher, après les prières aux divers bons anges gardiens et à tous les saints du paradis, j'interrogeai ma mère :

— Pourquoi doit-on donner des coups aux nègres ?

Ma mère sembla estomaquée, elle s'exclama :

— Comment une petite fille aussi intelligente que toi peut-elle poser pareilles questions ?

Elle traça en vitesse un signe de croix sur mon front, se leva et se retira en éteignant la lumière de ma chambre. Le lendemain matin, à l'heure de la coiffure, je revins à la charge. Je sentais que la réponse fournirait la clé à l'édifice souvent mystérieux de mon monde. La vérité sortirait de la jarre où on la tenait enfermée.

Devant mon insistance, ma mère me frappa sèchement avec le dos du peigne :

— Enfin, cesse de raconter des bêtises. Est-ce que tu vois quelqu'un donner des coups à ton papa ou à moi ?

La suggestion était invraisemblable. Pourtant, la fébrilité de ma mère trahissait son embarras. Elle me cachait quelque chose. À midi, j'allai rôder dans la cuisine autour des jupes d'Adélia. Hélas ! Elle faisait tourner une sauce. Aussitôt qu'elle m'aperçut, avant seulement que j'ouvre la bouche, elle se mit à crier :

— Sors de là ou j'appelle ta maman.

Je ne pus qu'obéir. J'hésitai, puis montai frapper à la porte du bureau de mon père. Alors qu'à tout moment je me sentais enveloppée de l'affection chaude et tatillonne de ma mère, je savais que je n'intéressais guère mon père. Je n'étais pas un garçon. Après tout, j'étais sa dixième enfant, car il avait eu deux fils d'un premier mariage. Mes pleurs, mes caprices, mon désordre l'excédaient. Je lui posai ma question en forme de leitmotiv :

— Pourquoi doit-on donner des coups aux nègres ?

Il me regarda et me répondit distraitement :

— Qu'est-ce que tu racontes ? On nous donnait des coups dans le temps. Va trouver ta maman, veux-tu ?

Désormais, je ravalai mes questions. Je ne demandai rien à Sandrino, car j'avais peur de son explication. Je devinais qu'un secret était caché au fond de mon passé, secret douloureux, secret honteux dont il aurait été inconvenant et peut-être dangereux de forcer la connaissance. Il valait mieux l'enfouir au fin fond de ma mémoire comme mon père et ma mère, comme tous les gens que nous fréquentions, semblaient l'avoir fait.

Les jours suivants, je retournai sur la place de la Victoire avec mes parents, bien décidée à refuser de jouer avec Anne-Marie. Mais j'eus beau la chercher tout partout, remonter les allées, errer de droite et de gauche, je ne la revis pas. Je courus jusqu'au banc où s'étaient assises sa maman et ses tantes. Il était vide. Je ne les revis plus jamais. Ni elle. Ni les femmes de sa famille.

Aujourd'hui, je me demande si cette rencontre ne fut pas surnaturelle. Puisque tant de vieilles haines, de vieilles peurs jamais liquidées demeurent ensevelies dans la terre de nos pays, je me demande si Anne-Marie et moi, nous n'avons pas été, l'espace de nos prétendus jeux, les réincarnations miniatures d'une maîtresse et de son esclave souffre-douleur.

Sinon comment expliquer ma docilité à moi si rebelle ?

Mabo Julie

Avant de perdre mabo Julie, je n'avais jamais rencontré la mort. Ma mère était enfant unique. Mon père aussi. Son propre père, marin au long cours, ayant abandonné son épouse aussitôt qu'il lui avait planté un enfant dans le ventre. Ceux qui grandissent au sein de ces vastes tribus où l'on ne fait pas le compte des demi-frères, des demi-sœurs, des oncles, des tantes, des cousins, des cousines, des parents et des alliés, sont un jour ou l'autre confrontés à la terrible grimace de la mort. Ce n'était pas mon cas.

Est-ce pour cela que la mort avait commencé d'exercer sur moi une fascination qui ne s'est jamais démentie ? Chaque fois qu'un enterrement descendait le faubourg Alexandre-Isaac, je me précipitais sur le balcon pour contempler la procession qui se dirigeait lentement vers la cathédrale. Je n'appréciais pas les enterrements de malheureux, ceux qu'une poignée de fidèles accompagne à leur dernière demeure, sans fleurs ni couronnes. Je n'aimais que les enterrements qui étalent l'opulence de ceux qui désormais ne possèdent plus rien. En tête, la nuée des enfants de chœur dans leurs surplis ailés entourant le prêtre brandissant la croix à bout de bras. Derrière, le corbillard drapé dans ses oripeaux argentés. Dans la foule habillée en noir, je n'avais d'yeux que pour les premières rangées, celles des proches : les veuves, invisibles sous les replis de leurs crêpes, les hommes, leurs lourds brassards cousus sur la manche, les enfants marchant mécaniquement, petits automates. À y réfléchir, c'était comme si j'avais pressenti que je n'assisterais pas à l'enterrement de ceux que j'avais de plus cher. Comme si je cherchais à imaginer ce qu'aurait pu être mon deuil. Parfois, en ce temps-là, des musiciens étaient du cortège. Les uns soufflaient dans des saxophones. Les autres frappaient sur des cymbales. Et leurs accords étaient la préfiguration de mes bien-aimés requiems d'aujourd'hui. Quand mabo Julie tomba malade d'une pleurésie avec complications pulmonaires, ma mère eut peur de la contagion. Aussi, je ne lui rendis pas visite et ne la revis que sur son lit de mort.

Mabo Julie était la bonne qui m'avait charroyée dans ses bras et promenée sur la place de la Victoire pour faire admirer à tous ceux qui avaient des yeux pour admirer mes casaques en soie, en tulle ou en dentelle. Elle m'avait aidée quand j'apprenais à marcher, relevée, consolée chaque fois que je tombais. Quand je n'eus plus besoin d'elle, ma mère la garda à notre service — elle était sans ressources — et elle devint notre blanchisseuse. Chaque mercredi, elle arrivait chez nous, portant sur la tête un tray rempli d'un linge d'une propreté étincelante et parfumée. Mon père tellement sourcilleux sur les cols glacés de ses chemises ne trouvait rien à redire. Mabo Julie était une vieille mulâtresse, très blanche de peau, les yeux délavés, les joues ridées comme pomme calebasse tombée sous le pied depuis trois jours. Je crois qu'elle était originaire de Terre-de-Haut des Saintes. Je n'ai jamais vu ni mari ni enfant à l'entour d'elle et c'est peut-être pour cette raison qu'elle dépendait de notre famille. Moi, je l'adorais à l'égal de ma propre mère qui en était jalouse, je le sais. Bien à tort. Mes sentiments pour l'une et l'autre étaient radicalement différents. Ma mère attendait trop de moi. J'étais perpétuellement sommée de me montrer partout et en tout la meilleure. En conséquence, je vivais dans la peur de la décevoir. Ma terreur était d'entendre ce jugement sans appel que, bien souvent, elle portait sur moi :

— Tu ne feras jamais rien de bon dans ta vie !

Elle était toujours à critiquer. À me trouver trop haute pour mon âge, je dépassais tous les enfants de ma classe, trop maigre, je faisais pitié avec ma peau sur les os, mes pieds étaient trop grands, mes fesses trop plates, mes jambes jattelées*. Par contraste, aux yeux de mabo Julie, je n'avais aucun effort à fournir pour être la plus belle et la plus douée des petites filles de la terre. Mes paroles aussi bien que mes actions étaient marquées du sceau de la perfection.

Chaque fois que je la voyais, je l'enlaçais si violemment que son madras se dénouait et découvrait ses cheveux de soie blanche. Je la dévorais de baisers. Je me roulais sur ses genoux. Elle me donnait entièrement accès à son cœur et à son corps. Les années précédant sa mort, toujours couchée malade avec la dysenterie, la bronchite, la fièvre, elle ne s'occupait plus de notre linge et elle me manquait comme un onguent à une blessure.

Je n'oublierai jamais le soir où ma mère m'apprit sans trop de ménagements qu'elle avait fait une rechute et n'était plus. Tout d'abord, je n'eus pas le sentiment que j'éprouvais du chagrin. J'eus l'étrange impression que la lune passait entre la terre et le soleil et que l'ombre devenait épaisse autour de moi. Je tâtonnais comme une aveugle. J'entendis ma mère demander son avis à mon père. À mon âge, est-ce que je pouvais assister à une veillée ? Est-ce que je pouvais voir un mort ? Ils discutèrent interminablement. Ils estimaient tous les deux qu'il fallait m'aguerrir. Je faisais trop de manières. Toujours à pleurnicher pour un oui, pour un non. Pendant ce temps, ma peine naissait, montait, montait. Je m'attendais à ce qu'elle jaillisse plus puissante qu'un geyser. Enfin, ma mère décida de m'emmener avec elle. Nous allions sortir quand Sandrino me glissa à l'oreille, facétieux à son habitude :

— Attention ! Si tu ne te tiens pas comme une grande, elle va venir tirer tes pieds.

Mabo Julie habitait non loin dans le quartier

du Carénage, un quartier que je ne connaissais pas. Un vieux quartier de pêcheurs, serré autour de l'usine Darboussier qui était encore en activité. Malgré l'heure tardive, la rue bordée de maisons basses grouillait de monde. Des enfants couraient dans tous les sens. Des marchandes offraient toutes qualités de douslets, sukakoko, gâteaux-patate. Assis devant leurs portes, des hommes en tricot de corps claquaient leurs dés ou leurs dominos en braillant :

— An tchyou a-w* !

D'autres buvaient coude à coude dans des débits de boissons. À mes yeux, cette animation n'était pas effrayante, mais choquante. On aurait cru que la disparition de mabo Julie ne comptait pas pour les gens. En approchant de la maison mortuaire aux portes drapées de noir, on entendait la rumeur des voix. La maison de mabo Julie était petite. Une seule pièce coupée en deux par un rideau. Dans la moitié qui servait de chambre à coucher, à cause d'une quantité de bougies, il faisait aussi clair qu'en pleine journée. Il faisait également très chaud. Les voisins et les voisines, qui me masquaient la couche jonchée de fleurs, s'écartèrent à la vue de ma mère. Alors, mabo Julie m'apparut, habillée avec sa plus belle robe matador, les cheveux coiffés en choux gonflant sur les tempes, à droite et à gauche de son madras noir. Je ne la reconnus pas. Elle était plus grande. Carrée. Une autre personne avait pris sa place. Je ne retrouvais pas son sourire. Elle avait soudain l'air hostile et menaçant. Ma mère me commanda :

— Embrasse-la !

L'embrasser ?

J'allais reculer. Au même moment, je me rappelai la mise en garde de Sandrino. Je m'efforçai d'obéir. J'appuyai ma bouche sur la joue que j'avais tant de fois embrassée et je m'étonnai de la trouver non pas fondante et tiède comme je la connaissais, mais rigide et froide. Froide. D'une froideur que je ne pouvais comparer à rien. Pas même à celle de la glace. Plutôt à celle d'une pierre. D'une pierre tombale. Un sentiment confus me remplit : chagrin, peur, honte d'avoir peur de celle que j'avais aimée et qui soudain me devenait étrangère. Je hoquetai et commençai de pleurer. Ma mère n'apprécia pas. Elle aurait voulu que, pareille à un enfant royal, je ne manifeste en public aucune émotion. Agacée, elle me secoua :

— Tiens-toi bien, voyons !

Je reniflai. Nous restâmes une heure ou deux dans la proximité du cadavre. Chapelet à la main, ma mère priait. Moi, sous l'odeur des fleurs, je sentais celle de la charogne. Enfin, nous rentrâmes à la maison.

La même nuit, mes cauchemars commencèrent. Il suffisait que ma mère ferme la porte de ma chambre pour que mabo Julie y entre. Non pas celle que j'avais chérie pendant ses années de vie, mais l'autre, l'inconnue. Des fois, elle se couchait à côté de moi dans mon lit. On me mit à dormir avec Thérèse que tout ce cinéma exaspérait :

— Tu es toujours là à faire ta grande personne, alors qu'au fond tu n'es qu'une poltronne.

Je me demande comment tout cela aurait fini si, un soir, ma mère ne m'avait prise sur ses genoux et caressée comme elle savait si bien le faire tandis que je pleurais enfin toutes les larmes de mon corps.

— Comment veux-tu qu'une personne qui t'aimait tant puisse te faire du mal ? C'est comme ton ange gardien à présent !

Sans doute venait-elle de se souvenir que je n'avais que neuf ans.

The bluest eye

La rue Alexandre-Isaac, où s'élevait notre maison, commençait un peu plus haut que la place de la Victoire, cœur qui rythmait la vie de La Pointe, et se perdait dans un faubourg populeux mais de bonne tenue. Rien à voir avec le canal Vatable, ses golomines et ses taudis. C'était une rue digne, habitée par des notables, parfois aussi par des gens aux revenus modestes, toujours de parfaites manières. Mes parents y avaient emménagé quelques mois avant ma naissance quand rester rue Condé ne convenait plus ni à leur quantité d'enfants ni surtout à leur nouveau standing. Mon père venait d'être décoré de la Légion d'honneur, je ne sais pas pourquoi, et ma mère avait fièrement cousu des rubans à toutes ses boutonnières. Elle se tenait les côtes de rire en rapportant la question d'une curieuse :

— Monsieur Boucolon, c'est quoi ce fil rouge sur votre veste ?

Les maisons de la rue Alexandre-Isaac étaient en bois, construites selon un modèle identique.

Pourtant, elles se distinguaient les unes des autres par de subtiles nuances : le rouge plus ou moins vif du minium de la tôle des toits, la fraîcheur du dernier revêtement de peinture ou l'éclat des fleurs alignées sur les balcons. Les Driscoll, une famille de douze enfants, occupaient une maison d'angle, très vaste, mais assez peu entretenue, au toit rapiécé, au balcon sans bougainvillées ni hibiscus. Quand mes parents et eux se croisaient, ils se donnaient poliment le bonjour ou le bonsoir. Mais ils ne se fréquentaient pas. Au fond de leur cœur, mes parents se sentaient bien au-dessus d'eux. M. et Mme Driscoll étaient des fonctionnaires obscurs, sans panache, qui ne possédaient même pas une voiture. On disait aussi que c'étaient des gens spéciaux et qu'ils ne faisaient rien comme les autres. Et puis, c'étaient des mulâtres. En ce temps-là, en Guadeloupe, on ne se mélangeait pas. Les nègres marchaient avec les nègres. Les mulâtres avec les mulâtres. Les blancs-pays restaient dans leur sphère et le Bon Dieu était content dans son ciel. Heureusement, les enfants ne s'occupaient pas tellement de ces affaires de grandes personnes. Nous vivions en bon voisinage avec les Driscoll de notre âge, tout mulâtres qu'ils étaient, et Gilbert aurait pu être mon premier amoureux.

C'était un petit garçon pas très costaud, bouclé comme un gamin arabe, avec un maintien timide qui tranchait sur celui de ses batailleurs de frères.

Je n'avais jamais entendu le son de sa voix et

je l'imaginais flottant légère comme la flûte des mornes. Nous nous étions découverts au catéchisme, à l'occasion d'une retraite pascale, parmi une soixantaine d'autres enfants. Depuis, nous nous signifiions nos sentiments en passant des heures entières à nous fixer avec des regards d'adoration de nos balcons. Le jeudi matin, nous n'attirions pas l'attention car nos familles se bousculaient sur les balcons. Bonne-maman Driscoll allongeait ses vieux os dans un pliant ou bien berçait le dernier-né. Mes sœurs piquaient l'aiguille dans des services de table. Les garçons Driscoll apprenaient leurs leçons. Mais l'après-midi, il devenait difficile de s'attarder parmi les plantes en pots. Tout le monde rentrait à l'intérieur des maisons pour la sieste et baissait les persiennes. Le petit marché du coin de la rue se mettait debout. Les lolos fermaient boutique et il ne restait plus à traîner dans la rue qu'un fou surnommé Banjo à cause de son bas-ventre ballonné par une hernie. Ma mère, en chemise de coton, reposant déjà sous sa moustiquaire, s'impatientait :

— Viens donc ! Qu'est-ce que tu fais au soleil comme un linge à blanchir ?

Je ne bougeais pas. Gilbert, lui, chaussait des lunettes noires, se couvrait le chef d'un vieux bacoua ou s'abritait sous un parasol. Moi, je n'osais pas, de peur d'éveiller des soupçons et, stoïque, je continuais à suer à grosses gouttes et à recevoir des coups de marteau sur la tête. Après des mois à risquer ainsi l'insolation, Gilbert s'enhardit. Moins méfiant que moi qui ne m'étais ouverte à personne, il mit dans la confidence Julius, l'un des frères d'Yvelise, son meilleur camarade de classe. Récemment, j'avais pas mal trituré le kiki de Julius, m'émerveillant de le voir se rigidifier entre mes doigts. Mais nous n'avions jamais prétendu à un attachement du cœur. C'était amusement, initiation des corps. Déjouant toutes les surveillances, une fin d'après-midi, Julius vint me glisser une enveloppe. Elle contenait une photo qui m'étonna. Au premier abord, on pensait que c'était celle d'un chien. Un berger allemand, assis sur son arrière-train, énorme, gueule ouverte, langue pendante. Ensuite, on distinguait dans le coin gauche Gilbert, torse nu, si petit qu'on aurait dit un cornac à côté de son éléphant. La photo avait dû être prise deux ou trois ans auparavant, et il ne devait guère avoir plus de six ans. Les cheveux dans les yeux, il souriait d'un sourire édenté. Au verso de la photo, étaient inscrits les mots magiques : « Je t'aime. » J'enfouis mon trésor dans un petit panier caraïbe qui contenait mes affaires de messe, seul endroit que ma mère n'inspectait pas régulièrement. Puis je me torturai l'esprit, cherchant ce que je pouvais donner en échange. Dans ma famille, on n'appréciait que les photos de groupe : les huit enfants entre papa et maman. Ou bien mes frères avec mon père. Ou bien mes sœurs et moi entourant ma mère. Il n'y avait aucun instantané de moi seule. Même avec un chien. Alors, offrir un mouchoir que j'aurais brodé ? Un coquillage que j'aurais peint ? Une ceinture en carata que j'aurais tressée? Je ne savais rien faire de mes dix doigts. Je collectionnais les zéros en travaux manuels. Je finis par me décider pour un nœud en écaille de tortue grâce auquel ma mère agrémentait mes coiffures.

Après cela, son amour ayant été officiellement déclaré et agréé, Gilbert me fit parvenir une lettre par le même messager. Au premier coup d'œil, rien à redire. Elle était rédigée sur un fort joli papier bleu. Pas de pâtés d'encre. Les jambages en étaient fermes. S'ils avaient figuré sur un cahier d'exercices, la maîtresse la plus sévère aurait apprécié : « Excellente écriture. » Je me mis à la lecture. Mon cœur battait à grands coups. Pourtant, dès les premières lignes, il s'arrêta : « Maryse adorée, pour moi, tu es la plus belle avec tes yeux bleus. »

Je crus avoir mal lu. Yeux bleus? Moi? Je courus jusqu'au cabinet de toilette et me regardai dans la glace. Pas de doute possible : mes yeux étaient marron foncé. Presque noirs. Pas même kako. Je revins dans ma chambre et m'assis sur mon lit. J'étais déconcertée. C'était comme si j'avais lu une lettre adressée à une autre personne. Tout au long du dîner, je fus si morose et silencieuse, contrairement à mes habitudes, que tout le monde s'inquiéta :

— Mon Dieu, est-ce que cette enfant-là ne fait pas un accès de fièvre?

Je remontai dans ma chambre et relus ma lettre. Les termes n'avaient pas changé :

« Maryse adorée, pour moi, tu es la plus belle avec tes yeux bleus. »

Par exception, je ne voulus pas me confier à Sandrino qui, je le savais, s'esclafferait et me servirait une de ces explications alambiquées dont il avait le secret. Que s'était-il passé ? Gilbert m'avait-il mal vue ? Est-ce qu'il avait voulu se moquer de moi ? Est-ce qu'il s'agissait d'un méchant jeu ? Ma colère monta, finit par déborder. Quand Julius se présenta pour la réponse, je lui remis un mot emphatique trouvé dans le Delly favori d'une de mes sœurs : « Gilbert, tout est fini entre nous. »

Je ne me rendis nullement compte que je commettais l'erreur qui avait été fatale à Gilbert : je copiais. Je copiais de mauvaises lectures. Pour s'aventurer sur le terrain inconnu de la correspondance amoureuse, il avait sans doute cherché des guides. Hélas ! Nos guides étaient des romans français de quatre sous. Les jours suivants, de peur de l'apercevoir, je ne me montrai point au balcon et restai terrée à l'intérieur. Il ne renonça pas tout de suite. Je me heurtai à lui un après-midi, sur le trottoir devant chez Yvelise. Il était flanqué de son alter ego pour se donner du cœur. Je ne l'avais jamais approché d'aussi près. Il s'était peigné, aspergé d'eau de Cologne Jean-Marie Farina. Je m'aperçus qu'il avait de grands yeux gris mélancoliques. Il murmura d'une voix mourante :

— Qu'est-ce que je t'ai fait ?

Mais sa voix n'était pas celle que j'attendais. Qui aurait convenu à son corps gracile. C'était une grosse voix. Presque une voix d'adulte. Le souvenir allait m'en hanter. Je ne trouvai rien à répondre. Je me précipitai chez Yvelise et je fondis en larmes sur son épaule en racontant le triste épisode.

Paradis perdu

Quand j'eus neuf ou dix ans, ma mère me mit chez les « jeannettes », une branche de girl-scouts. Elle estimait à juste titre que je ne prenais pas assez d'exercice. Molle. Dernière en gymnastique. À vrai dire, je ne faisais guère que traîner mon corps quatre fois par jour de la maison au lycée Michelet et, au serein, m'asseoir sur un banc de la place de la Victoire à côté d'Yvelise à manger cornet sur cornet de pistaches grillées. En dehors de cela, je passais le plus clair du temps dans ma chambre, persiennes baissées, entortillée dans mes draps, des fois à lire, plus souvent à rêvasser. À mettre au point les histoires invraisemblables avec lesquelles je remplissais la tête de ceux qui avaient la patience de m'écouter. J'avais créé de véritables feuilletons dont les personnages revenaient régulièrement, toujours aux prises avec des aventures extraordinaires. Je soutenais, par exemple, que je rencontrais chaque jour un homme et une femme, M. Guiab et Mme Guiablesse. Tout de noir vêtus, ils tenaient à la main une « lanterne des magies pour deux noix » et, le front éclairé par leurs bougies, ils me racontaient les détails de leurs sept vies. D'abord bœufs au piquet dans une savane, puis pigeons ramiers volant dans la verdure, puis... que sais-je encore ! Ma mythomanie inquiétait beaucoup ma mère. Mains jointes sur mon livre de prières, elle me forçait d'en demander pardon à mon ange gardien et de jurer de ne plus m'écarter de la vérité vraie, ce que je faisais avec contrition, du fond du cœur. Si je ne tenais pas ma promesse, c'est que je n'éprouvais de bonheur qu'au plus fort de ces divagations. À mon jeune âge, ma vie me pesait. Elle était trop bien réglée. Sans fioritures ni fantaisie. Je l'ai déjà dit, nous n'avions ni parents ni alliés. Nous ne recevions personne. Les visites des amies de ma mère ne coupaient pas la monotonie de l'existence. C'étaient toujours les mêmes, poudrées, chapeautées, bijoutées : Mme Boricot, Mme Revert, Mme Asdrubal. Rares celles qui trouvaient grâce à ses yeux. Celle-là riait trop fort. Celle-là racontait des blagues grivoises devant les enfants. Celle-là aimait trop les douteux calembours. Jamais de fêtes de famille, de banquets, de ripailles sans fin, de veillées. Jamais de bals, de danse, de musique. En outre, au fond de moi-même, j'éprouvais déjà ce sentiment d'à-quoi-bon qui m'a rarement quittée et que, par la suite, j'ai essayé de dissimuler sous une frénésie d'activité.

Je n'étais bien que lorsque j'inventais des univers à ma fantaisie.

Ma mère n'a pas atteint son but. Je me mis à haïr les jeannettes. D'abord, l'uniforme : gros bleu, malséant, une cravate, un béret basque. Ensuite, les sorties hebdomadaires. Chaque jeudi après le déjeuner, Adélia plaçait dans un petit panier une gourde pleine de limonade à l'anis, un pain natté, une tablette de chocolat et des tranches de gâteau marbré. Avec une vingtaine de fillettes sous la conduite d'un quatuor de cheftaines, je prenais le chemin du morne de l'Hôpital. Pour nous y rendre, nous suions en rang, deux par deux, une bonne demi-heure sous le chaud soleil. Arrivées là, nous ne pouvions même pas prendre un peu de fraîcheur et nous allonger à l'ombre des pieds de tamarins des Indes. Il fallait tout de suite courir, sauter, découvrir des signes de piste, chanter à tue-tête. Si je n'appréciais pas les autres jeannettes qui me le rendaient bien, j'adorais les cheftaines. Surtout l'une d'entre elles : cheftaine Nisida Léro qui cachait des trésors d'affection dans sa poitrine de jeune fille de très bonne famille, malheureusement montée en graine. J'ignore ce qu'elle est devenue et lui souhaite tout le bonheur du monde avec la tralée d'enfants qu'elle désirait à l'époque. J'étais son chouchou. Elle m'asseyait sur ses genoux et me dorlotait. Ma mémoire garde l'image d'une mulâtresse très brune, une ombre de moustache, un nez aquilin. Je prenais plaisir à coiffer son opulent chignon toujours à deux doigts de crouler sur ses épaules. On ne m'enlèvera pas de la tête qu'elle avait aussi peu de goût que moi pour la gymnastique, les sauts en hauteur, les sauts en longueur, tous ces exercices à mettre le corps en nage qu'elle nous faisait pratiquer avec tellement d'enthousiasme. Simplement, elle croyait avoir découvert la bonne manière de meubler sa vie en attendant un mari.

Des fois, aux vacances, nous allions camper. Oh, pas bien loin! Jamais au-delà des environs de Petit-Bourg. À Bergette, Juston, Carrère, Montebello. Au camp, impossible de rêvasser, une fois réveillées et habillées, il nous était défendu de revenir sous les tentes. Mouvement perpétuel. Nous étions constamment de corvée. De ménage : le balai à la main. De vaisselle : des piles de gamelles et de quarts à laver. De cuisine : des montagnes de racines à éplucher. De ramassage de bois : les mamzel-Marie nous zébraient les mollets dans les savanes. Le soir, la fumée des feux, autour desquels nous étions assises en rond pour débiter des contes insipides, nous piquait les yeux et la gorge. Une fois qu'ils étaient éteints, les moustiques nous dévoraient. Chaque soir, je m'endormais dans les pleurs. En ce temps-là, à la Guadeloupe, il n'y avait pas de téléphone. Je ne pouvais pas appeler ma mère pour lui confier mes misères et la supplier de venir me chercher. À l'issue de ces séjours interminables (combien de temps duraient-ils?), je retrouvais les miens amaigrie, hagarde et, de longtemps, je refusais de quitter le giron de ma mère.

— Laisse-moi tranquille, tu m'étouffes, protestait-elle quand je la mangeais de baisers.

Mon pire souvenir demeure un séjour à Barbotteau, dans les hauteurs de la Lézarde. J'ai l'impression qu'un ciel d'encre n'arrêta pas un seul jour de crever en eau. Incapables de dresser nos tentes sur l'herbe détrempée, nous occupions un bâtiment sans confort, humide, délabré. Une école? Enfermées à l'intérieur, nous jouions à ti point, ti croix. Nous buvions des té peyi en chantant des chansons absurdes :

Il ne fera plus kokodi kokoda.

Après ce temps d'enfer vint enfin le moment du retour, parsemé de signes funestes, qu'aveugle, je ne sus pas déchiffrer. L'auto-char de location s'embourba au sortir de la Lézarde. Il fallut descendre la pousser sous des trombes de pluie. À la hauteur d'Arnouville, elle écrasa en purée sanguinolente un coq gimb qui traversait le goudron luisant en battant des ailes. Exceptionnellement, le pont de la Gabarre était ouvert et nous restâmes des temps et des temps à l'arrêt sur le bas-côté de la route. Bref, quand nous arrivâmes à La Pointe, il faisait presque nuit. Le point de ralliement était toujours le même : devant la maison de cheftaine Nisida. Elle était située dans un quartier plus résidentiel que le nôtre, de l'autre côté de la place de la Victoire qui faisait quelque peu fonction de 5e Avenue. C'était là que servante ou maman, selon le rang de la famille, reprenait possession de sa jeannette. Certaines fillettes retournaient au bercail bombant le torse, toutes faraudes, et on pouvait imaginer leurs récits romancés. Je rentrais toujours la tête basse et moi, si bavarde, je n'avais rien à dire.

Ce soir-là, j'attendis sur le trottoir pendant plus d'une heure : personne ne vint me chercher. Aussi, cheftaine Nisida me prit par la main et, accompagnées de ses frères, nous nous rendîmes rue Alexandre-Isaac.

En passant devant la cathédrale Saint-Pierre-et-Saint-Paul, massive dans la noirceur, sombre présage, un nuage de chauves-souris s'envola des niches des saints et nous enveloppa. Piquetée des quinquets des marchandes, la place de la Victoire était livrée à ceux qui cachent leurs agissements dans l'ombre. J'avançais, mon cœur battant un rythme de deuil. Mon intuition me soufflait que ma souffrance ne faisait que commencer. Nous arrivâmes à l'angle de la rue Condé.

La maison de mes parents était plongée dans l'obscurité. De haut en bas, elle était hermétiquement close. Grosses portes tirées, bouclées à double tour. Une voisine, Mme Linsseuil, toujours makrel, nous informa de son balcon que mes parents s'étaient rendus dans notre maison de changement d'air à Sarcelles. Quand devaient-ils rentrer ? Elle n'en savait rien. En entendant cela, je poussai un hurlement si terrible que d'autres voisins sortirent sur les balcons, me reconnurent, commentèrent que j'étais bien grande pour faire une scène pareille. Il est vrai qu'avec l'éducation que je recevais ! Mes parents se préparaient un bel avenir en m'élevant ainsi. Cheftaine Nisida n'accorda aucun crédit à ces malparlants et, à force de baisers, parvint à me calmer. Nous retournâmes chez elle. Je marchais comme une zombie, comprenant que ce soir-là encore, j'allais m'endormir sans ma mère.

Deux bonnes voletaient autour de la table, et de la famille Léro qui s'apprêtait à dîner. Une famille très bourgeoise, rieuse pourtant. Le père, un vieux mulâtre assez desséché, mais blagueur. La mère, pareille à sa fille, l'embonpoint en plus. Les fils chahuteurs. La bonne-maman, une mantille sur ses cheveux de neige. Tante Cécé aux façons un peu ma-sœur. Deux cousins bitako*. Une cousine. On me fit place à côté de cheftaine Nisida et tout le monde rivalisa d'attentions. Si mes parents n'étaient pas rentrés le lendemain matin, me promit M. Léro, son chauffeur m'emmènerait à Sarcelles. Ce soir, je dormirais dans sa chambre, me sourit cheftaine Nisida. Quels jolis zanno je portais aux oreilles, me câlina Mme Léro. Je n'entendais rien. Par égards pour tant de gentillesse, je m'efforçais de retenir mes gémissements et le flot de mes larmes. Mais j'avais la gorge serrée, je ne pouvais rien avaler. Rien de rien. Mon assiette demeurait pleine. Je ne touchai à aucun plat. Ni au vivanot grillé. Ni aux christophines au gratin. Ni à la salade de pourpiers. Pour finir, une servante posa devant moi un ramequin rempli de crème au chocolat.

J'adorais la crème au chocolat.

Malgré ma peine, mes yeux séchèrent instantanément. J'hésitai, infiniment honteuse de céder à la gourmandise en un moment pareil. Enfin, je me décidai. J'allais comme à regret me saisir de ma cuiller quand, rapide, l'autre servante m'enleva la crème et la rapporta dans les profondeurs de la cuisine. Je restai mofwase*.

Pourquoi, à plus de cinquante ans de distance, l'image de ce ramequin bleu liséré d'or empli d'un délice onctueux auquel je n'ai pas pu goûter passe et repasse devant mes yeux, symbole de tout ce que j'ai désiré et n'ai pas obtenu ?

Bonne fête, maman !

L'anniversaire de ma mère tombait le 28 avril, date que rien n'a jamais pu effacer de ma mémoire. C'était chaque année un événement à l'ordonnancement précis comme un sacre. À l'école Dubouchage où elle enseignait depuis vingt ans, ses élèves favorites, car elle avait sa cour, lui récitaient des compliments et lui remettaient un bouquet de roses, ses fleurs préférées, au nom de toute la classe. À la maison, au déjeuner, mon père lui offrait un cadeau, généralement un collier ou un bracelet qui irait encore alourdir le poids de sa boîte à bijoux. À quatre heures de l'après-midi, la sorbetière grinçait dans la cour. Adélia, qui résistait fidèlement aux sautes d'humeur malgré une paye de misère, servait le goûter à ma mère et à ses amies parfumées et pomponnées. Il y avait des roses tout partout. Puis, devant ce parterre, mes frères et sœurs grimés et costumés jouaient une saynète de leur composition qu'ils avaient répétée dans le plus grand secret. Enfin, mon père débouchait les bouteilles de champagne, mises à rafraîchir depuis la veille. Pendant des années, je me contentai d'être une sorte de mouche du coche, importune à tout le monde. Je voulais lécher le moule à gâteau, tourner la manivelle de la sorbetière. Je refusais d'embrasser les amies de ma mère. Mais je m'ingéniais à la couvrir de baisers poisseux. Je renversais du sirop d'orgeat sur ma robe. Je vidais le fond des verres. Bref, comme disait ma sœur Thérèse, la seule de la famille à me traiter avec un peu de sévérité, « je faisais mon intéressante ». Au fur et à mesure que je grandissais, ce rôle de figuration ne me contentait plus. À mes dix ans, je voulus attirer l'attention de ma mère, mériter ses félicitations par un exploit hors du commun.

Ici, il faut peut-être que je tente d'ébaucher le portrait de ma mère. C'est une tâche à laquelle je n'ai pu m'essayer que récemment, ma mère ne disant jamais un mot sur elle-même. Comme elle n'avait ni frères ni sœurs, quelques cousins marie-galantais qui nous portaient des mandarines au Jour de l'An, que sa propre mère avait fermé ses yeux avant que j'ouvre les miens, il m'était facile d'imaginer ma mère sortie des limbes tout adulte pour enfanter ma tralée de frères et sœurs.

Elle s'appelait Jeanne Quidal. Ma mémoire garde l'image d'une très belle femme. Peau de sapotille, sourire étincelant. Haute, statuesque. Toujours habillée avec goût, à l'exception de ses bas trop clairs. À La Pointe, peu de gens l'aimaient malgré ses charités inlassables : elle entretenait des dizaines de malheureux qui venaient chercher leur secours tous les dimanches. Elle avait acquis la réputation d'un personnage de légende. On faisait circuler ses commentaires et ses jugements, toujours acerbes. On amplifiait ses coups de gueule et ses coups de sang. On racontait comment elle avait cassé son parasol sur le dos d'un agent de police, coupable de lui manquer de respect d'après elle. Car la base de son caractère était l'orgueil. Elle était fille d'une bâtarde analphabète qui avait quitté La Treille pour se louer à La Pointe. Bonne-maman Élodie. Une photo sur le piano Klein représentait une mulâtresse portant mouchoir, fragile, encore fragilisée par une vie d'exclusion et de tête baissée « Oui, misié. Oui, madanm ». Ma mère avait donc grandi, humiliée par les enfants des maîtres, près du potager des cuisines des maisons bourgeoises. Le destin aurait voulu qu'elle fasse bouillir à manger comme sa mère et qu'elle récolte un ventre à crédit du premier bougre venu. Mais dès l'école primaire, la colonie, qui n'est pas toujours aveugle, avait remarqué son intelligence exceptionnelle. À coups de bourses et de prêts d'honneur, elle en fit une des premières enseignantes noires. Devenue un beau parti, ma mère fut vite courtisée. Elle pouvait espérer se marier à l'église en voile et couronne. Pourtant, elle ne s'en laissait point conter, n'ignorant pas que nombre de ses prétendants n'avaient d'yeux que pour sa solde d'institutrice de première classe. À ses vingt-trois ans, elle rencontra mon père. Il avait quarante-trois ans et la tête prématurément blanchie. Il venait de mettre en terre sa première épouse et se trouvait seul avec deux petits garçons, Albert et Serge. Tout de même, ma mère accepta de l'épouser. Bien que rien ne m'y autorise, je soupçonne l'amour de n'avoir eu que peu de part dans cette décision. Jeanne ne chérissait pas ce veuf chargé d'enfants, déjà arthritique et malvoyant derrière ses lunettes à grosses montures en écaille. Mais le quadragénaire, ambitieux de première, qui lui promettait d'ouater sa vie, avait construit sa maison haute et basse rue de Condé et possédait une Citroën C4. Il avait donné sa démission de l'enseignement pour se lancer dans les affaires. Avec un groupe d'autres entreprenants de sa sorte, il avait fondé la Caisse coopérative des prêts, future Banque antillaise, destinée à venir en aide aux fonctionnaires. En apparence, le mariage de mes parents fut l'usuel mélange de bonheur et de malheur. Ils firent huit enfants. Quatre garçons. Quatre filles. Ils en perdirent deux dans leur jeune âge, ce dont ma mère ne se consola jamais. Ils ne manquèrent pas d'argent et voyagèrent loin. Jusqu'en Italie. Mon père fut un mari fidèle. Aucun demi-frère, aucune demi-sœur ne venait réclamer de l'argent pour des souliers d'école. Pourtant, rien ne m'ôtera de l'idée que mon père ne méritait pas ma mère. Il avait beau l'appeler constamment « mon trésor », il ne la comprenait pas et, qui plus est, elle l'effrayait. Sandrino était catégorique. D'après lui, ma mère était une femme insatisfaite et frustrée.

— Qu'est-ce que tu veux, répétait-il. Elle s'est vendue à un vieux-corps. Je parie qu'elle n'a pas fait correctement l'amour depuis des années. Toi, c'était un accident.

Sous ses dehors flamboyants, j'imagine que ma mère avait peur de la vie, jument sans licou qui avait tellement malmené sa mère et sa grand-mère. Un inconnu avait violenté Élodie dont quinze ans plus tôt un usinier marie-galantais avait violenté la mère. Toutes les deux avaient été abandonnées avec leur montagne de la vérité et leurs deux yeux pour pleurer. Élodie n'avait jamais rien eu à elle. Même pas une case. Même pas une bonne robe. Même pas une tombe. Elle dormait son sommeil d'éternité dans le caveau de ses derniers employeurs. En conséquence, la hantise de ma mère était de tomber là où elles étaient tombées. Et surtout qu'on la confonde avec une personne ordinaire, qu'on ne rende pas hommage à ce qu'elle était devenue à la force du poignet. Elle terrifiait mes sœurs. Seuls Sandrino et moi lui tenions tête. Toute petite, certains de ses axiomes me mettaient en fureur. Surtout celui-là qu'elle me répétait fréquemment, vu ma propension à rechercher la compagnie d'Adélia :

— Tu ne feras jamais rien de bon. Les filles intelligentes ne passent pas leur temps dans la cuisine.

Je ne pouvais pas comprendre que c'était sa manière à elle de déplorer la distance qui, au fil des années, s'était creusée entre sa servante de mère et elle. Les gens de La Pointe racontaient qu'elle était une sans-sentiment qui avait brisé le cœur d'Élodie. Qu'elle ne la laissait pas plus toucher à ses enfants qu'une pestiférée. Qu'ayant honte de son mouchoir, elle l'avait forcée à prendre chapeau et à dénuder ses tempes dégarnies ; de son parler créole, elle l'avait forcée au silence ; de toute son attitude de subalterne, elle la cachait à chaque fois qu'elle recevait son monde.

À dix ans donc, confortée par mes bonnes notes en français, je demandai d'offrir un texte de ma composition lors de l'anniversaire de ma mère. On accepta puisqu'on me passait tout. Je ne sollicitai l'aide de personne. Même pas celle de Sandrino, qui d'ailleurs faisait des gorges chaudes de ces anniversaires et n'acceptait jamais de rôle aux saynètes. Je n'avais pas une idée précise de ce que je voulais écrire. Je sentais seulement qu'une personnalité telle que celle de ma mère méritait son scribe. Que je devais m'attacher à représenter de mon mieux un être aussi complexe. Après de longues réflexions, j'optai pour un poème en vers libres qui ressemblerait aussi à une pièce de théâtre. Il n'y aurait qu'un seul personnage. Par ses méta- morphoses, ce personnage unique exprimerait les différentes facettes du caractère de ma mère. À la fois, généreuse, prête à distribuer ses der- niers billets de banque à des malheureux et prompte à chicaner Adélia pour une augmenta- tion de quelques francs. Émotive au point de pleurer à chaudes larmes sur les infortunes d'un inconnu. Arrogante. Coléreuse. Surtout coléreuse. Capable de tuer avec l'arme blanche de ses mots et incapable de demander pardon. Pendant des semaines, je travaillai d'arrache-pied, négligeant mes devoirs d'école. Je me réveillais la nuit et voyais la lune ronde comme un fromage de Brie posée sur le rebord de ma fenêtre. Je me levais à quatre heures du matin veillant à ne pas attirer l'attention de ma mère déjà habillée dans la pièce d'à côté. Car tous les jours que Dieu fait, sans tour de cou ni zanno, dépouillée comme un crucifix, ma mère se rendait à la messe d'aurore. Elle y prenait quotidiennement la communion et, de retour dans son banc, elle restait ployée jusqu'à l'*Ite missa est*, à murmurer des prières exaltées. Que demandait-elle au Bon Dieu ?

Après ces semaines de transe, le soleil éclaira le jour de l'anniversaire. Dès le matin le destin m'indiqua par mille signes que les choses ne se passeraient pas comme je le souhaitais. Malheureusement, j'étais une enfant aveugle et têtue. À Dubouchage, les élèves favorites ne purent se souvenir de leur compliment et, bouche ouverte, se dandinèrent d'un pied sur l'autre, comme des dindes, leur lança ma mère. Au déjeuner, mon père exhiba une broche qui manifestement ne fit pas plaisir à sa destinataire et, qui plus est, il la piqua en l'épinglant sur son corsage de crêpe georgette. Adélia trébucha dans la cuisine et émietta toutes les flûtes à champagne. La saynète fut un désastre malgré l'énergie des souffleurs. Les rarissimes applaudissements de ma mère exprimèrent sa désapprobation. Il ne restait que ma création pour réparer l'honneur perdu de la famille.

Ce texte a évidemment disparu et je ne peux dire ce qu'il contenait exactement. Je me rappelle qu'il était farci de références à la mythologie classique puisque, en classe de sixième, j'étudiais « l'Orient et la Grèce ». En sa première métamorphose, ma mère était comparée à une des sœurs Gorgones, la tête couronnée d'une chevelure de serpents venimeux. En la seconde, à Léda, dont la douce beauté séduisit le plus puissant des dieux. Dès que je me mis à parler, les visages de mon père, de mes sœurs, des amies de ma mère et même de Sandrino s'affaissèrent, exprimant la surprise, l'ahurissement, l'incrédulité. Mais le beau masque de ma mère resta impassible. Assise bien droite dans son fauteuil, elle avait pris une pose qu'elle affectionnait : la main gauche appuyée contre le cou et soutenant le menton. Ses yeux étaient à demi fermés comme si elle se concentrait pour mieux m'entendre.

Vêtue d'une tunique bleu ciel, je paradai et posturai devant elle pendant trois bons quarts d'heure.

Brusquement, elle me fixa. Ses yeux étaient recouverts d'une pellicule brillante. Bientôt, celle-ci se déchira et des larmes dessinèrent des sillons le long de ses joues poudrées.

— C'est comme ça que tu me vois ? interrogea-t-elle sans colère.

Puis elle se leva, traversa le salon et monta à sa chambre. Je n'avais jamais vu pleurer ma mère. Même pas quand elle s'était cassé l'os du bras en glissant dans l'escalier. J'éprouvai d'abord un sentiment capiteux qui ressemblait à de l'orgueil. Moi, dix ans, la petite dernière, j'avais dompté la Bête qui menaçait d'avaler le soleil. J'avais arrêté les bœufs de Porto Rico en plein galop. Puis le désespoir me prit. Bon Dieu, qu'est-ce que j'avais fait ? Je n'avais pas retenu ma leçon. Mes démêlés avec Yvelise ne m'avaient pas suffi. Il ne faut pas dire la vérité. Jamais. Jamais. À ceux qu'on aime. Il faut les peindre sous les plus brillantes couleurs. Leur donner à s'admirer. Leur faire croire qu'ils sont ce qu'ils ne sont pas. Je me précipitai hors du salon, montai l'escalier quatre à quatre. Mais la porte de la chambre à coucher de ma mère était close. J'eus beau hurler, cogner sur le bois des deux poings et aussi des deux pieds, elle ne s'ouvrit pas.

Je passai la nuit à pleurer.

Le lendemain, ma mère affecta de me traiter comme à l'habitude. Elle ne coiffa pas mes cheveux d'une main plus rude et planta mes quatre nattes d'un nœud rose. Elle fit briller mes jambes avec un peu d'huile de carapate. Elle me fit réviser mes leçons. Quand, pleurant toutes les larmes de mon corps, j'entourai son cou de mes bras, expliquant que je n'avais pas vu malice et lui demandai pardon, elle questionna, glaciale :

— Pardon ? Pourquoi pardon ? Tu as dit ce que tu pensais.

Ce calme donnait la mesure de sa blessure.

La plus belle femme
du monde

À la cathédrale Saint-Pierre-et-Saint-Paul, notre banc portait le numéro 32 de l'allée centrale. Toute petite, j'aurais pu me diriger les yeux fermés vers ce refuge, passer le bedeau qui m'effrayait fort quand il frappait le sol de sa hallebarde, me laisser guider par le flot de la musique de l'orgue et les odeurs des lys et des tubéreuses entassés sur le maître-autel. Le banc était étroit. Le bois en était brillant comme frotté à la cire. Le dossier, très haut. Il aurait fallu que je me mette à genoux sur la banquette, ce qui m'était défendu, si j'avais voulu apercevoir ce qui se passait derrière.

Mon père qui avait flirté avec la franc-maçonnerie ne nous accompagnait jamais à la cathédrale. Il restait à la maison en bras de chemise et en profitait pour recevoir ses amis, mécréants comme lui, soupirait ma mère. Avec eux, il fumait des cigares et, une fois n'est pas coutume, prenait un sec ou deux. De notre maison à la cathédrale, il n'y avait guère que quelques minutes de marche en ligne droite. Il suffisait de traverser la place de la Victoire. Mais ma mère s'arrêtait tous les dix pas pour donner le bonjour, faire la conversation avec une connaissance et nous devions l'attendre. De toute façon, je ne pouvais pas m'éloigner, gambader, m'égailler de droite et de gauche, car elle emprisonnait ma main dans la sienne. Sandrino venait toujours en queue de peloton, faisant une tête d'enterrement, lui qui se prétendait athée. Nous gravissions de concert les marches du parvis, entrions deux par deux à l'intérieur de l'église, ma mère et moi ouvrant la marche. Arrivés à la hauteur de notre banc, nous nous signions, et, comme un singe savant, je m'efforçais d'imiter le geste ample de ma mère. Puis, nous nous agenouillions sur l'arête coupante du prie-Dieu. Nous gardions la tête entre les mains pendant quelques minutes, toujours à l'imitation de ma mère. Après quoi, nous nous asseyions. Dans la cathédrale aussi claire qu'une verrière, le silence était entrecoupé de toux retenues et de pleurs d'enfants. Enfin, l'orgue donnait de la voix et le prêtre faisait son apparition, entouré d'un aréopage d'enfants de chœur en robe rouge, balançant l'encensoir à toute volée. Je crois que, l'un après l'autre, mes grands frères avaient été enfants de chœur, à l'exception de Sandrino qui s'y était farouchement refusé. Dieu, l'Église étaient les seuls sujets de divergence de mes parents. Pourtant, ils ne se disputaient pas là-dessus. Mon père trouvait naturel qu'une femme de bien ait de la religion et ma mère, inévitable qu'un homme n'en ait pas.

Malgré une excessive coquetterie qui me faisait adorer la parure, je n'aimais pas aller à l'église. Il fallait porter un chapeau qui tirait les cheveux, des chaussures vernies qui serraient les orteils, des mi-bas de coton qui tenaient chaud et, surtout, se taire pendant plus d'une heure, ce qui m'était une torture puisque j'avais tout le temps une histoire à raconter. Souvent, dans mon inconfort, je fermais les yeux et parvenais à piquer du nez après l'évangile. Mais cela déplaisait à ma mère qui me secouait le bras comme une branche de surettier. Elle, qui me passait tout à en croire mes sœurs, manifestait la plus grande sévérité en ce qui concernait la tenue à la messe. Elle était déterminée à ce que je demeure éveillée jusqu'à la phrase libératrice de l'*Ite missa est*. Pour ne pas prendre sommeil, je chantonnais une rengaine dans ma tête. Hélas, je m'oubliais parfois. Elle descendait alors dans ma bouche et je recevais une tape sans douceur. Je détaillais pour la énième fois les statues de plâtre au fond de leurs niches : saint Antoine de Padoue avec sa calvitie. L'Enfant Jésus assis à cheval sur son livre de prières. Sainte Thérèse de Lisieux les yeux levés vers le ciel sous sa couronne de boutons de rose. Saint Michel Archange portant des sandales — quelle imprudence ! — pour piétiner un serpent. Je tournais le regard vers les vitraux illuminés par le soleil. Rien de nouveau de ce côté-là non plus. Du jaune, du rouge, du bleu. J'essayais de repérer les amis de mes parents dans la marée des visages. Quelques-uns étaient là pareillement solennels et endimanchés. Le docteur Mélas qui venait de me soigner d'une otite. M. Vitalise qui enfermait des crapauds dans les bocaux de sa pharmacie. Au fur et à mesure que je grandissais, je ne pouvais m'empêcher de remarquer combien elles étaient rares, les figures noires ou simplement colorées dans la nef centrale de la cathédrale sous la carène renversée de la voûte. Elles tranchaient comme si elles étaient tombées dans le bol de lait de la comptine que nous chantions sans y voir aucune ironie :

> *Une négresse qui buvait du lait*
> *Ah, se dit-elle, si je le pouvais*
> *Tremper ma figure dans un bol de lait*
> *Je deviendrais plus blanche*
> *Que tous les Français*
> *Ais-ais-ais!*

Des blancs-pays tout partout. Des blancs-pays dans le banc devant nous, dans le banc derrière nous. Sortis des quatre coins de La Pointe. Des hommes, des femmes, des enfants. Des vieux, des jeunes, des bébés dans les bras. On n'en voyait jamais autant qu'à la grand-messe. À croire que la cathédrale était leur bien. Que le Bon Dieu était leur proche parent.

Je n'éprouvais aucun sentiment d'agressivité vis-à-vis des blancs-pays, malgré l'épisode avec Anne-Marie de Surville, à cette époque commodément enfoui dans ma mémoire. On l'a vu, mes parents ne m'en parlaient pas plus qu'ils ne me racontaient des histoires de zombies ou de soukougnans. Mes camarades blanches, une fois quitté l'école, je n'aurais jamais eu à l'idée de les fréquenter. Si nos chemins se croisaient, nos regards savaient ne pas se croiser. Un dimanche, je ne sais pourquoi, je me mis à considérer les blancs-pays à l'entour avec curiosité.

Je savais que le créole les baptisait « zorey ». Et c'est vrai que les hommes et les garçonnets exhibaient des lobes rouges, puissants, décollés. Les femmes s'efforçaient de les dissimuler sous les volutes de leurs chevelures ; les fillettes sous leurs anglaises et leurs rubans. Malgré cela, elles pointaient, comiques ou menaçantes, à droite à gauche de leurs couvre-chefs. Mon regard monta, descendit, parcourut les rangées de figures marquées d'un même sceau de pâleur jaunâtre, buta sur le promontoire impérieux des nez, rôda autour des lèvres dessinées avec le fil d'un rasoir. Et c'est alors que, à la faveur de mon exploration un peu moqueuse, je tombai sur une femme, très jeune, une toque de paille noire plantée sur ses cheveux fauves, le front à moitié recouvert par une voilette, les joues veloutées, la bouche en bouton de rose. Elle portait un tailleur de lin beige dont le revers était piqué d'un camée. Je n'avais jamais rien vu d'aussi parfait. Du restant de la messe, je ne pus m'arrêter de l'observer. À un moment, ses yeux rencontrèrent les miens et, à ma vive douleur, ils se détournèrent aussitôt, ne contenant qu'indifférence. Elle ne m'avait pas remarquée. Après l'*Ite missa est*, elle se leva de son banc, s'agenouilla pieusement, se signa et prit le bras d'un homme. Le dimanche suivant, de mon poste d'observation, je la vis arriver entourée des siens, toujours au bras de son mari très jeune lui aussi, moustachu, la mine assez ordinaire, indigne en tous points de posséder un pareil trésor. Cette fois, elle était de dentelle blanche vêtue, sa toque remplacée par une capeline à larges bords, son camée par un collier chou de grosseur respectable. Avec ce qui me semblait une grâce inimitable, elle prit place dans la rangée 29. Tel un détective, je notai le numéro. La curiosité me dévorait. Une fois à la maison, je demandai à ma mère qui était cette famille de blancs-pays de la rangée 29, non loin de la nôtre. Je le savais, ma mère et ses bonnes amies étaient des généalogistes de première. Elles maîtrisaient de mémoire le tableau des parentés, des mariages, des alliances, des séparations. Une grande partie de leurs entretiens consistait à le mettre à jour tant et si bien qu'elles auraient pu conseiller des notaires peinant sur des problèmes de successions et de partages de biens. Elle connut sa réponse sur le bout des doigts :

— Ce sont les Linsseuil. Bonne affaire, ils viennent de marier Amélie au fils du propriétaire de l'usine Grosse Montagne.

Elle allait pour passer à autre chose quand, à la réflexion, ma question l'étonna. Elle vira de bord sur moi. Qu'est-ce que j'avais à faire avec ces gens-là ?

— C'est, répondis-je avec emportement, tout à ma passion, parce que je trouve Amélie la plus belle personne que j'aie jamais vue.

Et j'ajoutai sans prendre garde à sa mine :

— C'est mon idéal de beauté !

Silence de mort. Elle resta sans voix. Elle fit quérir mon père qui rigolait au salon, convoquer mes frères et sœurs qui devisaient tranquillement à la fenêtre de leur chambre. Elle exposa mon crime : comment mon idéal de beauté pouvait-il être une femme blanche ? N'existait-il pas des personnes de ma couleur qui méritaient cette distinction ? Passe encore si j'avais choisi une mulâtresse, une capresse, une koolie même ! Mon père, qui savait qu'il ne faisait pas bon contredire ma mère, pour une fois prit ma défense. N'était-ce pas beaucoup de bruit pour rien ? J'étais bien jeune. Ma mère n'accepta pas ces circonstances atténuantes. J'avais déjà du jugement. Je savais ce que je faisais. S'ensuivit un discours bien senti dont les thèmes préfiguraient ceux de *Black is beautiful*. Mes joues étaient incendiées. J'éprouvais d'autant plus de honte que Sandrino, mon allié de chaque instant, avait l'air d'approuver. Je me retirai dans ma chambre. D'une certaine façon, je devinais que ma mère avait raison. En même temps, je n'étais pas coupable. Je n'avais pas admiré Amélie parce qu'elle était blanche. Oui, mais sa peau rosée, ses yeux clairs et ses cheveux moussants étaient parties intégrantes de cet ensemble que j'admirais tant. Tout cela dépassait mon entendement.

Le dimanche suivant, du coin de l'œil, je vis Amélie s'agenouiller et se signer à l'entrée de son banc. Je ne tournai pas la tête dans sa direction.

J'avais compris que sa beauté m'était interdite.

Mots interdits

Une fin d'année, ma mère descendit s'asseoir à table, soir après soir, les yeux en eau, les paupières boursouflées et tuméfiées. Adélia emplissait son assiette avec dévotion, mais ma mère n'y touchait pas et filait en vitesse se claquemurer dans sa chambre d'où nous l'entendions geindre comme une blessée. Mon père restait à sa place. Mais il arborait une mine de circonstance et soupirait fortement entre deux cuillerées de soupe grasse. Après le repas, Adélia montait un thé de siminn kontra, reconnaissable à son odeur poivrée, et demeurait avec ma mère des temps et des temps.

En l'attendant, je trépignais d'impatience. Sandrino et moi ne pouvions pas traverser la rue sans elle et chercher une place dans la cour des Clavier. Dès les premiers jours du mois de décembre, nous nous groupions entre gens du quartier, et tête levée vers la voûte du ciel étoilé, nous braillions les cantiques du temps de l'avent, parfois jusqu'à minuit. Même Bonne-maman Driscoll apportait son banc et s'asseyait dans une encoignure. Mes parents, qui ne se mêlaient jamais à ces assemblées, nous laissaient quand même y prendre part. Les « Chantez Noël » étaient l'unique concession qu'ils faisaient aux traditions populaires. Car si le rythme des cantiques était aussi endiablé que celui des biguines ou des mazurkas créoles, nous tapions avec emportement sur des bassines ou des fonds de casserole, les paroles étaient fort correctes. En bon français. En français-français. Je suis encore capable de chanter sans me tromper « Michaud veillait la nuit dans sa chaumière », qui reste mon cantique favori. Mais aussi « Voisin, d'où venait ce grand bruit ? ». « Venez, divin Messie, venez, source de vie ». Ou encore « Joseph, mon cher fidèle ».

Pour moi, la cause de l'état de ma mère était un mystère. Elle n'était pas malade puisque mon père n'avait pas appelé le docteur Mélas en consultation. Elle ne s'était fâchée ni disputée avec personne, un voisin, une collègue, un étranger, à l'école Dubouchage, dans la rue, dans un magasin, au cinéma. Qu'est-ce qui l'avait contrariée ? Sandrino finit par me chuchoter à l'oreille que le mari de ma sœur Émilia l'avait quittée. Ils allaient divorcer.

Divorcer ?

Je ne connaissais pas beaucoup ma sœur Émilia. Depuis des années, elle vivait à Paris et je ne la rencontrais qu'à l'occasion de nos séjours en France. Plus de vingt ans nous séparaient, nous n'avions pas grand-chose à échanger. Mon père, qui manifestait rarement quelque sentiment, fondait dès qu'il évoquait sa fille première-née, la préférée de son cœur. Il citait ses traits d'esprit. Il vantait son intelligence, son charme, la douceur de son caractère, et tous ces compliments paraissaient autant de flèches décochées contre la pauvre Thérèse que la famille s'accordait à trouver bougonne, un laideron. Ma mère affirmait, en exhibant les photographies de son album, qu'Émilia était son portrait craché. Celle-ci avait épousé Joris Tertullien, le fils d'un notable fort connu et fort riche de Marie-Galante. Leur photo trônait sur le piano. Ils s'étaient mariés à Paris, deux étudiants anonymes, pour éviter sans doute les falbalas familiaux. Je savais qu'ils avaient perdu un enfant. Je ne m'intéressais guère à eux. Mes parents étaient extrêmement honorés de cette alliance avec les Tertullien et la rappelaient au moindre prétexte. À leurs yeux, l'union d'Émilia et de Joris pouvait se comparer à celle des héritiers de deux dynasties dont les arbres généalogiques s'égalent. Plus secrètement, pour ma mère, j'imagine qu'elle symbolisait une revanche sur une île que sa mère avait quittée dans la gêne et la pauvreté.

Peu de temps après le mariage d'Émilia et de Joris, un 15 août, jour de la fête patronale de Grand-Bourg, Thérèse, Sandrino et moi avions été expédiés auprès des Tertullien en témoignage des nouvelles relations familiales. C'était mon premier voyage à Marie-Galante, ma Desirada à moi. Le bras de mer était démonté. Le *Delgrès* qui assurait la liaison avec La Pointe était bondé. Il montait jusqu'à la tête des lames, puis descendait brutalement jusqu'au fin fond des creux, plusieurs mètres plus bas. Les passagers vomissaient dans tous les coins du bateau. Les plus avisés avaient fait provision de sacs en papier qu'ils allaient en trébuchant lancer par-dessus le bastingage. Souvent, ils manquaient leur but et le contenu des sacs s'écrasait sur le pont. La foule, le mouvement, la puanteur. Je me serais évanouie si Thérèse ne m'avait constamment fourré des rondelles de citron vert dans la bouche. Après ces trois heures et demie d'agonie, l'île était sortie de l'eau. Des falaises blanches, parsemées de cases, agrippées comme des cabrits dans les positions les plus surprenantes, avaient surgi au-dessus des vagues. La mer s'était calmée comme par enchantement et le *Delgrès* était venu s'amarrer en douceur le long de l'appontement. M. et Mme Tertullien nous surprirent. Tout le contraire de nos parents. Simples, souriants, affables. L'épouse, traînant ses sandales, était coiffée d'un chapeau de paille retenu par des brides nouées sous le cou. L'époux, gigantesque mais débonnaire, gagna aussitôt mon affection, quand il me souleva de terre en me baptisant « la perle de l'écrin ». Malgré leur abord sans manières, ils habitaient la plus belle maison de Grand-Bourg sur la place de l'Église et, chaque matin, une file s'allongeait devant leur porte : les suppliants venaient quémander les faveurs de M. Tertullien. Cette semaine passée à Marie-Galante fut un enchantement. Les Tertullien, qui n'avaient eu qu'un unique fils, me gâtèrent plus qu'il n'est permis. Chaque matin, Mme Tertullien me demandait gravement ce que je désirais manger comme à une princesse de contes de fées. M. Tertullien m'acheta une poupée qui ouvrait et fermait les yeux. Je n'avais jamais imaginé pareille liberté et quand je revis ma mère attifée en grande pompe sur le quai de La Pointe, je pleurai à chaudes larmes comme une évadée qui retrouve sa cellule. Trop fine pour s'y tromper, elle commenta avec mélancolie l'ingratitude de cœur des enfants. Depuis, les Tertullien nous adressaient fréquemment par des compatriotes marie-galantais des paniers pleins de racines, de pois d'Angole ou de pois savon et des bouteilles de rhum agricole à 55 degrés qui parfumait les gâteaux d'Adélia.

Divorcer ?

À mes oreilles, le mot avait une résonance obscène. Il voulait dire qu'un homme et une femme qui s'étaient embrassés sur la bouche, qui avaient dormi kolé seré sous la même moustiquaire, s'en allaient chacun de son côté et se comportaient à la manière de deux personnes étrangères. Malgré les recommandations expresses de Sandrino, je ne pus garder une pareille information pour moi et je la communiquai à Yvelise. Yvelise apporta des précisions. D'après elle, si les deux personnes avaient fait des enfants, on les partageait comme les poules d'une basse-cour. Les filles restaient avec leur mère. Les garçons partaient avec leur père. Je m'indignai contre ce jugement de Salomon. J'objectai. Et si un garçon préférait rester avec sa mère, une fille partir avec son père ? Et si un frère et une sœur ne pouvaient pas vivre l'un sans l'autre ? Yvelise n'en démordit pas. Elle était au courant : sa mère menaçait souvent de divorcer d'avec son père.

Quelques jours plus tard, ma mère revint de l'école hors d'elle-même. Nous l'entendîmes rager longuement dans sa chambre. Elle avait de bonnes raisons de le faire ! À l'heure de la récréation, des collègues, ayant appris le malheur de sa fille, lui avaient exprimé leur plus profonde sympathie. Elle l'avait pris de très haut et les avait rabrouées vertement. De quel malheur parlaient-elles ? Du prochain divorce de sa fille ? Allons donc ! Joris Tertullien, en quittant Émilia, avait, une fois de plus, donné la preuve de l'irresponsabilité des mâles antillais.

Dès le lendemain, un flot de voisines déferla sur notre maison. Ma mère était à peine rentrée de l'école que les visiteuses frappaient à la porte. Finalement, elle tint salon, assise bien raide sur le canapé d'angle jusqu'au dîner. Les visiteuses comptaient surtout des mères qui redoutaient pour leurs enfants un sort semblable à celui d'Émilia, ou qui le déploraient déjà. Mais on comptait également des vieilles filles, des laissées-pour-compte, des femmes trompées, des femmes battues, toutes qualités d'aigries et de révoltées disposées à cracher du venin sur les hommes. Ma mère ne vit pas dans cette affluence une marque de sympathie. Au contraire, d'après elle, ces femmes venaient l'épier dans la peine que lui causait la mauvaise chance de sa fille, s'en repaître, s'en réjouir. Aussi, ces visites la plongeaient soir après soir dans une colère mêlée d'amertume.

Quand le flot des visiteuses commença de se tarir et que ma mère eut la tête à autre chose qu'à tenir dignement son rôle, une question se posa. D'où venait la fuite ? Qui avait laissé filtrer une information que mes parents avaient la ferme intention de garder secrète pour pas mal de temps encore ? Mes larmes m'accusèrent. J'avouai piteusement que je m'étais confiée à mon inséparable Yvelise. Tout le monde comprit qu'Yvelise avait rapporté cette nouvelle à Lise qui l'avait jugée trop croustillante pour la consommer en égoïste et l'avait partagée avec ses collègues de Dubouchage. De là, elle avait essaimé à travers toute La Pointe. Je dois à la vérité de dire que ni mon père ni ma mère ne levèrent la main sur moi. Je ne fus ni punie ni brutalisée. Pourtant, je me trouvai plus honteuse et mortifiée que si mon père avait défait son cuir et m'avait administré une de ces raclées qu'il réservait à Sandrino. Mes parents me répétèrent la chanson déjà maintes fois entendue. Nous étions assiégés de tous côtés. Divorce. Détresse. Maladie. Déficit financier. Échec scolaire. Si, par impossible, ces drames survenaient, rien n'en devait transpirer parce que alors, comme je venais d'en être témoin, nos ennemis toujours aux aguets tireraient avantage de notre malheur. Le leitmotiv revint. Comment est-ce qu'une petite fille aussi douée que moi ne comprenait pas cela ? Pourquoi est-ce que j'y mettais tant de mauvaise volonté ?

Je n'entendis jamais prononcer une seule parole de compassion pour Émilia. Je ne sus jamais ce qui avait causé le désolant épilogue de son union avec Joris. À la vérité, personne ne s'en préoccupait. Émilia était coupable. L'échec de son mariage avec l'héritier des Tertullien privait mes parents d'un lustre de plus. Il ouvrait une brèche dans l'orgueilleuse muraille dont notre famille entendait s'entourer. Pour cette raison, personne ne pouvait la plaindre.

Gros plan

Ma mère n'entretenait de relations suivies qu'avec un de ses cousins de Marie-Galante. De vingt ans son cadet, il répondait au prénom céleste de Séraphin. C'était un gros garçon taciturne et embarrassé qui respirait de loin son bitako. Dans sa bouche, le français prenait des allures de créole et il s'emmêlait aussi bien dans les articles que dans les adjectifs possessifs. Mon père lui donnait volontiers ses affaires défraîchies et le dimanche, quand il venait déjeuner à la maison, il apparaissait avec des souliers ressemelés, des chemises à col et poignets élimés que nous reconnaissions. Il ne manquait jamais d'être présent avec un bouquet de roses roses aux anniversaires de ma mère qu'il considérait gravement comme sa bienfaitrice. Ce garçon respectueux était la risée de mes frères et sœurs parce que lors des repas dominicaux, quand ma mère lui proposait de se resservir, il répondait à chaque fois en secouant poliment la tête :

— Merci, cousine Jeanne, j'ai mangé mon content !

Moi, je l'aimais bien. Je suppose que j'avais un peu pitié de lui. En attendant le déjeuner, puisque personne ne prenait la peine de converser avec lui, il se réfugiait dans ma chambre et tirait de ses poches des cadeaux : des flûtes taillées dans des tiges de bambou, des chars à bœufs dans des graines d'avocat ; une fois, une pipe au calumet qu'on aurait dit verni creusé dans un noyau de letchi. C'est lui, j'en suis sûre, qui a éveillé la passion que j'éprouve pour Marie-Galante. Son père était raboteur à Saint-Louis et il me décrivait les copeaux s'enroulant en boucle autour de son poignet dans l'odeur du bois frais. Il me décrivait aussi les cabrits barbichus gambadant à travers les razyé, les grottes aux parois vertigineuses comme celles de l'enfer et, tout alentour, le royaume violet de la mer. Je renonçai à l'interroger sur ma mère. Il n'en savait rien. Quand, à ses dix-sept ans, il avait quitté son île plate, ses parents s'étaient enhardis. Ils avaient adressé une supplique à cette parente qu'ils n'avaient jamais rencontrée, mais dont ils avaient tellement entendu parler. C'est grâce à ma mère que Séraphin était devenu un employé modèle, gravissant tous les échelons des PTT, elle aimait à le rappeler.

Année après année, nous vîmes Séraphin grandir, comme il nous vit grandir. Nous le vîmes prendre femme. Un dimanche, il nous amena sa promise Charlotte. Elle n'était pas originaire de Marie-Galante, mais des Grands-

Fonds en Grande-Terre. Elle lui était bien assortie, aussi ventrue et fessue que lui, dans sa robe grenat à manches gigot. Il était visible que Sandrino, assis de l'autre côté de la table, la paralysait avec ses yeux auxquels rien n'échappait et que les manières de mes parents la terrifiaient. Dans la peur de commettre la moindre faute de grammaire, elle resta bouche cousue pendant tout le repas. Elle se résigna à prononcer quelques paroles inaudibles quand on lui présenta pour la deuxième fois la langue de bœuf aux câpres dont Adélia était tellement fière. Après moult débats, la famille finit par conclure qu'elle avait murmuré :

— Ça me suffit.

Puisque j'étais de toutes les corvées, mes parents me traînèrent au mariage de Séraphin et de Charlotte. La bénédiction nuptiale leur fut donnée à l'église Saint-Jules dans le quartier dit de l'Assainissement. Je n'allais jamais guère plus loin que la place de la Victoire et ne franchissais le canal Vatable qu'en voiture quand nous nous rendions en changement d'air à Sarcelles. Aussi, c'était la deuxième fois que je me trouvais dans un quartier populaire. L'Assainissement offrait alors une étrange mosaïque. C'était à la fois un ramassis de misérables cases en bois non peinturées, parfois posées à même la pierraille, et un gigantesque chantier d'où, on l'espérait, sortiraient des immeubles modernes, un Grand Hôtel, le bâtiment de la Banque de la Guadeloupe, une clinique. L'église Saint-Jules, avec sa façade de bois délavée par les intempéries et son toit en forme de carène de navire, me sembla une merveille. Malgré sa ceinture de taudis, elle me parut un lieu de dévotion sincère et sans apprêts. Elle débordait de fleurs fraîches, lys, tubéreuses, gardénias, et laissait passer toute la lumière du jour par ses hautes persiennes découpées en ogive. La famille de Séraphin et de Charlotte, deux tribus qui totalisaient chacune une cinquantaine de membres, était ridiculement endimanchée. Pourtant, je n'avais pas le cœur à rire de ces taffetas et de ces dentelles. Au contraire ! J'éprouvais une profonde sympathie pour ces fillettes de mon âge, les cheveux frisottés à coups de fer brûlant et de vaseline blanche, fières comme Artaban dans leurs robes en satin sousoun klérant, et leurs chaussures vernies à hauts talons. J'aurais voulu me mêler à elles. J'aurais voulu monter dans une des autoschars de location qui, sitôt la cérémonie terminée, conduiraient la noce dans les Grands-Fonds. J'imaginais le repas de Gargantua, boudin, colombo de cabrit, chatroux, lambis, rhum à flots, les rires, l'orchestre de biguines endiablées et, par comparaison, tous les amusements que j'avais connus me paraissaient ternes. Peu après leur mariage, Séraphin et Charlotte disparurent. Ma mère nous apprit que Séraphin avait été affecté très loin de La Pointe dans le nord de la Grande-Terre. À Anse-Bertrand ou à Petit-Canal. Pendant plusieurs années, ma mère reçut d'eux des quantités de photos qu'elle datait et rangeait dans ses albums. Des photographies de leurs enfants, des garçons, nés en succession rapide. D'abord, on les admirait tout nus couchés sur le ventre. Ensuite, on les admirait en costume marin plantés sur leurs jambes-poteaux. Un mois de juillet où nous passions le changement d'air à Sarcelles, une lettre apprit à ma mère que Séraphin dirigeait le bureau de poste de Sainte-Marie. Elle prit cela comme une bonne nouvelle. Sainte-Marie n'était éloignée de Sarcelles que d'environ quinze kilomètres. En ce temps-là, en Guadeloupe, la visite ne s'annonçait pas. Les parents proches ou moins proches, les intimes, les connaissances s'amenaient sans crier gare et attendaient d'être reçus avec le sourire. Miraculeusement, c'était toujours le cas. Aussi, un dimanche après la messe, ma mère trouva tout naturel d'aller surprendre Séraphin et Charlotte. On chargea des paniers de racines et de fruits du verger, oranges bourbonnaises, figues pomme, corossols dans la Citroën. Carmélien, notre homme à tout faire, s'installa derrière le volant. Car, mon père souffrant d'une cataracte qui lui bleuissait les prunelles avait renoncé à conduire. Il nous fallut plus d'une heure pour couvrir les quelques kilomètres qui longeaient la mer. La route était tout en caprices, en sinuosités. Ma mère, peureuse, surveillait fiévreusement l'aiguille du compteur. Sainte-Marie n'aurait été qu'un point de peu d'importance sur la carte du pays si la caravelle de Christophe Colomb n'y avait abordé en 1493. À cause de cela, une statue en pied de notre Découvreur s'élevait au mitan d'une petite place baptisée place du Souvenir. Séraphin et Charlotte habitaient derrière le bureau de poste, une maison bien mal entretenue, la galerie encombrée de bicyclettes et de toutes sortes d'appareils hors d'usage. Carmélien eut beau klaxonner, ma mère donner de la voix, personne n'apparut sur la véranda. Au bout d'un moment, elle se décida à entrer, moi sur ses talons, et il nous apparut dès le seuil que quelque chose allait de travers. Le living-room était dans un état de saleté et de désordre qui dépassait l'imagination : une vraie porcherie. Un gémissement, entrecoupé de plaintes violentes et de cris rauques, sortait d'une des chambres. On aurait cru qu'un cochon avait trouvé son samedi et perdait son sang pendu par les pieds au-dessus d'un baquet. Inquiète, ma mère lança à la cantonade :

— Il y a du monde ?

Enfin, Séraphin surgit d'une des pièces. Un tablier de boucher autour des reins, barbu, chevelu, la figure bouffie, il avait encore grossi. En reconnaissant ma mère, il parut saisi et se mit à pleurer :

— Cousine Jeanne ! Cousine Jeanne !

Il se trouvait qu'en ce moment précis Charlotte accouchait de leur quatrième enfant. Comme c'était un dimanche, Séraphin n'avait pu mettre la main sur la sage-femme. Charlotte perdait des litres de sang, se fatiguait, n'arrivait plus à pousser. Aidé de la servante, Séraphin se donnait beaucoup de mal, mais en vain. J'ai déjà dit que ma mère ne manquait pas d'aplomb. Sans tergiverser, elle posa son sac, enleva sa capeline et entraîna Séraphin dans la chambre. Je restai à hésiter dans le living-room, me demandant ce que j'allais faire de moi-même. Il y avait bien des livres sur les rayons d'une vieille bibliothèque. Mais est-ce que je pouvais m'asseoir et me mettre à lire en pareille circonstance ? C'est alors que j'entendis des rires, des chuchotements étouffés. J'ouvris une autre porte. Debout sur un lit, trois enfants, pas plus hauts ni plus épais que les touffes d'herbes de Guinée, se bousculaient en se tordant de rire devant une sorte de lucarne découpée dans la cloison. En me voyant, ils détalèrent dans toutes les directions. Je m'approchai. Je les imitai et à mon tour collai mon nez à la lucarne.

Moi qui vivais les yeux barrés, moi à qui ma mère ne parlait jamais de rien ; ni de règles ni de menstrues ; moi qui avais dû me fier aux racontars d'Yvelise pour découvrir que les enfants ne viennent pas dans les choux, parés de casaques roses ou bleues, je vis de mes deux yeux, en gros plan, grandeur nature, un accouchement. Une odeur à faire vomir frappa mes narines. Énorme, comme un ballon dirigeable, Charlotte gisait écartelée sur son lit. Son centre, béant comme un tuyau d'arrosage, pissait le sang. De sa bouche, sortait une plainte continue « An moué ! An moué ! » interrompue à intervalles réguliers par des hurlements à vous glacer. Une servante, elle aussi en tablier de boucher, courait à l'entour du lit en sanglotant et en se tordant les mains. Ma mère s'emmaillota dans une serviette, écarta tout le monde et cria avec autorité :

— Ou kaye pousé à pwézan* !

C'était la première fois que je l'entendais parler créole. Malgré l'odeur pestilentielle, malgré la vue de tout ce sang, une horrible fascination me retenait à la lucarne. J'en disputai l'espace aux trois enfants, revenus à la charge et qui comptaient bien profiter des moindres miettes du spectacle. À présent, Charlotte hurlait sans s'arrêter. Je vis apparaître la tête de l'enfant. Je la vis sortir. Je le vis, tout entier, pareil à un ver, gluant d'humus et de matières fécales. J'entendis son premier glapissement pendant que Séraphin s'exclamait hors de lui-même :

— An ti fi ! Mèsi Bon Dié* !

Alors, incapable d'en supporter davantage, je tombai doucement en état. Les enfants m'en tirèrent en me versant sans ménagements un broc d'eau sur la figure. Quand, l'ordre rétabli, le nouveau-né dans son moïse, l'accouchée en chemise de nuit de soie, ma mère et moi nous retrouvâmes face à face, elle soupira :

— Quelle visite ! Ma pauvre chérie, qu'est-ce que tu as fait pendant ce temps ?

Je prétendis que j'avais lu un roman qui traînait par là. Je suis sûre qu'elle ne fut pas dupe. J'avais encore la mine bouleversée, la voix faible et les jambes flageolantes. Elle changea en vitesse le sujet de la conversation et se mit à critiquer la façon dont Séraphin et Charlotte tenaient leur maison. Est-ce que j'avais vu cette saleté ? Vraiment, le bon exemple qu'elle leur avait donné pendant des années n'avait servi à rien. Quand je racontai l'affaire à Sandrino, il fut extrêmement mortifié de n'avoir pas été présent. D'un seul coup, sa cadette le dépassait. Je devenais riche d'une expérience qu'il était loin de posséder.

L'enfant qui naquit ce jour-là fut baptisée Maryse. Je fus choisie pour marraine.

Chemin d'école

Je devais avoir treize ans. Encore un séjour en « métropole ». Le troisième ou le quatrième depuis la fin de la guerre. J'étais de moins en moins persuadée que Paris est la capitale de l'univers. En dépit de l'existence réglée comme papier à musique que j'y menais, La Pointe, ouverte sur le bleu de la darse et du ciel, me manquait. Je regrettais Yvelise, mes camarades de lycée et nos déambulations sous les sabliers de la place de la Victoire, seule distraction qui nous soit permise jusqu'à six heures du soir. Car, alors, la noirceur s'installe et, d'après mes parents, tout pouvait arriver. Sortis d'au-delà le canal Vatable, des nègres au sexe vorace pouvaient s'approcher des vierges de bonne famille et les dérespecter avec des paroles et des gestes obscènes. À Paris je regrettais aussi les lettres d'amour que, malgré toutes les barrières dressées autour de moi, les garçons parvenaient à me glisser.

Paris, pour moi, était une ville sans soleil, un enfermement de pierres arides, un enchevêtrement de métro et d'autobus où les gens commentaient sans se gêner sur ma personne :

— Elle est mignonne, la petite négresse !

Ce n'était pas le mot « négresse » qui me brûlait. En ce temps-là, il était usuel. C'était le ton. Surprise. J'étais une surprise. L'exception d'une race que les Blancs s'obstinaient à croire repoussante et barbare.

Cette année-là, mes frères et sœurs étant entrés à l'université, je jouais les filles uniques, rôle qui me pesait fort, car il impliquait un surcroît d'attentions maternelles. J'étais élève au lycée Fénelon, à deux pas de la rue Dauphine où mes parents avaient loué un appartement. Dans ce bahut prestigieux, mais austère, je m'étais, comme à l'accoutumée, mis à dos tous les professeurs par mes insolences. Par contre, et pour la même raison, j'avais gagné le statut de meneuse et je m'étais fait pas mal d'amies. Nous traînions en bande dans un quadrilatère délimité par le boulevard Saint-Germain, le boulevard Saint-Michel, les eaux mortes de la Seine et les boutiques d'art de la rue Bonaparte. Nous nous arrêtions devant le Tabou où flottait encore le souvenir de Juliette Gréco. Nous feuilletions des bouquins à la Hune. Nous lorgnions Richard Wright, massif comme un bonze à la terrasse du café de Tournon. Nous n'avions rien lu de lui. Mais Sandrino m'avait parlé de son engagement politique et de ses romans, *Black Boy*, *Native Son* et *Fishbelly*. L'année scolaire finit par finir et la date du retour à la Guadeloupe par approcher. Ma mère avait acheté tout ce qui pouvait être acheté. Aussi, mon père remplissait méthodiquement de grandes cantines en fer peinturées en vert. Au lycée Fénelon, le chahut, la paresse étaient des pratiques inconnues. Pourtant, les programmes ayant été bouclés, on sentait dans les classes comme un parfum de légèreté, voire de gaieté. Un jour, le professeur de français eut une idée :

— Maryse, faites-nous un exposé sur un livre de votre pays.

Mlle Lemarchand était le seul professeur avec lequel je m'étais assez bien entendue. Plus d'une fois, elle m'avait donné à comprendre que ses cours sur les philosophes du XVIIIe siècle m'étaient destinés tout spécialement. C'était une communiste dont nous nous étions passé de main en main la photo en première page de *L'Huma*. Nous ne savions pas exactement ce que recouvrait l'idéologie communiste, entendue tout partout. Mais nous la devinions en complète contradiction avec les valeurs bourgeoises que le lycée Fénelon incarnait à nos yeux. Pour nous, le communisme et son quotidien *L'Huma* sentaient le soufre. Je pense que Mlle Lemarchand s'imaginait comprendre les raisons de ma mauvaise conduite et me proposait de les examiner. En m'invitant à parler de mon pays, elle ne voulait pas seulement nous distraire. Elle m'offrait l'occasion de me libérer de ce qui, d'après elle, me pesait sur le cœur. Cette proposition bien intentionnée me plongea au contraire dans un gouffre de confusion. C'était, rappelons-le, le tout début des années 50. La littérature des Antilles ne fleurissait pas encore. Patrick Chamoiseau dormait informé au fond du ventre de sa maman, et moi-même, je n'avais jamais entendu prononcer le nom d'Aimé Césaire. De quel auteur de mon pays pouvais-je parler ? Je courus vers mon recours habituel : Sandrino.

Il avait bien changé, Sandrino. Sans qu'on le sache, la tumeur qui allait l'emporter le rongeait malignement. Toutes ses maîtresses l'avaient abandonné. Il vivait dans une solitude extrême au neuvième étage sans ascenseur d'un minable garni de la rue de l'Ancienne-Comédie. Car, dans l'espoir de le ramener vers les amphithéâtres de la faculté de droit, mon père lui avait coupé les vivres. Il subsistait fort mal de l'argent que ma mère lui adressait en cachette, amaigri, essoufflé, sans forces, tapant avec trois doigts sur une machine à écrire poussive des manuscrits qu'invariablement les éditeurs lui renvoyaient avec des formules stéréotypées.

— Ils ne me disent pas la vérité, rageait-il. Ce sont mes idées qui leur font peur.

Car, bien sûr, lui aussi était communiste. Une photo de Joseph Staline en grande moustache ornait sa cloison. Il s'était même rendu à un Festival mondial de la jeunesse communiste à Moscou et en était revenu éperdu d'admiration pour les dômes du Kremlin, la place Rouge et le mausolée de Lénine. Comme par le passé, il ne me laissait pas lire ses romans et je m'efforçais sans succès d'en déchiffrer les titres tracés au verso de chemises écornées. Pour moi, il tâchait malgré tout de retrouver son sourire de lumière et reprenait ses manières rassurantes de grand frère. Nous fouillâmes dans ses livres empilés en désordre sur les meubles et dans la poussière du plancher. *Gouverneur de la rosée* de Jacques Roumain. Il s'agissait d'Haïti. Il me faudrait exposer le vaudou et parler d'un lot de choses que je ne connaissais pas. *Bon Dieu rit* d'Edris Saint-Amant, un de ses derniers amis, haïtien aussi. Nous allions désespérer quand Sandrino tomba sur un trésor. *La Rue Cases-Nègres* de Joseph Zobel. C'était la Martinique. Mais la Martinique est l'île sœur de la Guadeloupe. J'emportai *La Rue Cases-Nègres* et m'enfermai avec José Hassan.

Ceux qui n'ont pas lu *La Rue Cases-Nègres* ont peut-être vu le film qu'Euzhan Palcy en a tiré. C'est l'histoire d'un de ces « petits-nègres » que mes parents redoutaient tellement, qui grandit sur une plantation de canne à sucre dans les affres de la faim et des privations. Tandis que sa maman se loue chez des békés de la ville, il est élevé à force de sacrifices par sa grand-mère Man Tine, ammareuse* en robe matelassée par les rapiéçages. Sa seule porte de sortie est l'instruction. Heureusement, il est intelligent. Il travaille bien à l'école et se prépare à devenir petit-bourgeois au moment précis où sa grand-mère meurt. Je pleurai à chaudes larmes en lisant les dernières pages du roman, les plus belles à mon avis que Zobel ait jamais écrites.

« C'étaient ses mains qui m'apparaissaient sur la blancheur du drap. Ses mains noires, gonflées, durcies, craquelées à chaque repli, et chaque craquelure incrustée d'une boue indélébile. Des doigts encroûtés, déviés en tous sens ; aux bouts usés et renforcés par des ongles plus épais, plus durs et informes que des sabots... »

Pour moi, toute cette histoire était parfaitement exotique, surréaliste. D'un seul coup tombait sur mes épaules le poids de l'esclavage, de la Traite, de l'oppression coloniale, de l'exploitation de l'homme par l'homme, des préjugés de couleur dont personne, à part quelquefois Sandrino, ne me parlait jamais. Je savais bien sûr que les Blancs ne fréquentaient pas les Noirs. Cependant, j'attribuais cela, comme mes parents, à leur bêtise et à leur aveuglement insondables. Ainsi, Élodie, ma grand-mère maternelle, était apparentée à des blancs-pays qui assis à deux bancs d'église du nôtre ne tournaient jamais la tête vers nous. Dommage pour eux ! Car ils se privaient du bonheur de posséder une relation comme ma mère, la réussite de sa génération. Je ne pouvais en aucune manière appréhender l'univers funeste de la plantation. Les seuls moments où j'aurais pu rencontrer le monde rural se limitaient aux vacances scolaires que nous passions à Sarcelles. Mes parents possédaient dans ce coin alors tranquille de la Basse-Terre une maison de changement d'air et une assez belle propriété que coupait par le mitan la rivière qui donnait son nom à l'endroit. Là, pour quelques semaines, tout le monde, excepté ma mère, toujours sur son quant-à-soi, cheveux soigneusement décrêpés sous sa résille et collier grenn'd'ô autour du cou, jouait aux bitako. Comme il n'y avait pas d'eau courante, on se bouchonnait avec des feuilles, tout nu près de la citerne. On faisait ses besoins dans un toma*. Le soir, on s'éclairait à la lampe à pétrole. Mon père enfilait un pantalon et une chemise de drill kaki, abritait sa tête d'un bakoua et s'armait d'un coutelas avec lequel il ne sabrait guère que les herbes de Guinée. Nous les enfants, éperdus de bonheur d'aérer nos orteils et de pouvoir salir ou déchirer nos vieux vêtements, nous dévalions les savanes à la recherche d'icaques noires et de goyaves roses. Les verts champs de canne semblaient nous inviter. Parfois, intimidé par notre mine de petits citadins et notre parler français, un cultivateur nous tendait respectueusement une canne kongo dont nous déchirions l'écorce violacée à belles dents.

Pourtant, j'eus peur de faire pareil aveu. J'eus peur de révéler l'abîme qui me séparait de José. Aux yeux de ce professeur communiste, aux yeux de la classe tout entière, les vraies Antilles, c'étaient celles que j'étais coupable de ne pas connaître. Je commençai par me révolter en pensant que l'identité est comme un vêtement qu'il faut enfiler bon gré, mal gré, qu'il vous siée ou non. Puis, je cédai à la pression et enfilai la défroque qui m'était offerte.

Quelques semaines plus tard, je fis devant la classe suspendue à mes lèvres un brillant exposé. Depuis des jours, mon ventre traversé des gargouillis de la faim s'était ballonné. Mes jambes s'étaient arquées. Mon nez s'était empli de morve. La tignasse grenée de mes cheveux s'était roussie sur ma tête sous l'effet du soleil. J'étais devenue Josélita, sœur ou cousine de mon héros. C'était la première fois que je dévorais une vie. J'allais bientôt y prendre goût.

Aujourd'hui, tout me porte à croire que ce que j'ai appelé plus tard un peu pompeusement « mon engagement politique » est né de ce moment-là, de mon identification forcée au malheureux José. La lecture de Joseph Zobel, plus que des discours théoriques, m'a ouvert les yeux. Alors j'ai compris que le milieu auquel j'appartenais n'avait rien de rien à offrir et j'ai commencé de le prendre en grippe. À cause de lui, j'étais sans saveur ni parfum, un mauvais décalque des petits Français que je côtoyais.

J'étais « peau noire, masque blanc » et c'est pour moi que Frantz Fanon allait écrire.

Vacances en forêt

Cette année-là, l'arthrose de ma mère décida mes parents à bouder Sarcelles et à passer leur changement d'air à Gourbeyre, à cause des eaux de Dolé-les-Bains dont on disait le plus grand bien. J'accueillis l'idée avec enthousiasme, car, à la longue, Sarcelles m'était devenu trop familier. Je connaissais ses moindres tours et détours, le cours rongé de sangsues de sa rivière, ses fonds où poussaient goyaves et icaques et le goût de chaque qualité de mangues de ses manguiers : mangot fil, mangues Amélie, mangues Julie, mangot bèf, mangues pomme, mangues greffées. Quand j'étais petite, outre Sandrino, mes compagnons de jeux avaient été les trois enfants sans mère du gardien. Nous avions grandi à présent et je ne savais plus jouer.

Gourbeyre se situe dans le sud de la Basse-Terre. Je me souviens qu'il fallut une journée entière pour y arriver bien qu'elle ne soit pas distante de La Pointe de plus de soixante ou soixante-dix kilomètres. Ma mère me réveilla à son retour de la messe d'aurore et on prit la route dans le devant-jour, la voiture chargée de paniers, de valises, de cantines. Un véritable déménagement ! Passé Rivière-Salée, le trajet fut d'abord sans surprise. Une route plaisante et plate. Un horizon de mornes verdoyants adossés contre le ciel. Des ponts suspendus au-dessus de rivières endormies. Des cabrits gambadant oreilles dressées. Des bœufs à bosse meuglant mélancoliques au passage des voitures. Soudain, à l'entrée de Capesterre qui n'était pas encore baptisée Belle-Eau, l'insolite d'un temple indien, bariolé aux couleurs de Mayèmin, me tira de ma somnolence C'était cela aussi la Guadeloupe ?

À l'entour, le paysage se mit à changer. Des mornes arrondirent leurs ventres. Des bananeraies aux longues feuilles vernissées prirent la place des champs de canne à sucre et s'étagèrent sur les hauteurs. L'eau des cascades inonda le bas-côté de la route. L'air fraîchit. À un tournant, on buta sur le panorama des Saintes, Terre-de-Haut, Terre-de-Bas, assises en rond sur le bleu de la mer. Je regardais de tous mes yeux et j'avais l'intuition que j'étais née, sans le savoir, dans un coin du paradis terrestre. La maison que mes parents avaient loué à Gourbeyre était d'apparence fort modeste. Ce qui chagrina ma mère, ce ne fut pas qu'elle avait besoin d'un bon coup de peinture, que sa galerie était trop étroite, que l'eau ne montait pas dans la douche, que les WC se trouvaient dans un infâme réduit au fond de la cour et que les robinets de la cuisine fuyaient. C'est qu'elle jouxtait une boutique, guère plus large que le plat de la main, mais fort achalandée, où l'on vendait de tout, des biscuits fleur de farine, de la moussache, de la morue, du pétrole, du bois gomme et surtout des roquilles de rhum agricole pour le plus grand bonheur des boit-sans-soif du coin. On s'en aperçut le lendemain, au réveil quand un client déjà parti eut des mots avec la caissière. Somme toute, l'affaire était banale. Pareils à tant d'autres vacanciers à travers le monde, mes parents avaient été trompés par une publicité mensongère. La « vue imprenable » de la réclame donnait sur un mur et les « cinq minutes de la plage » se chiffraient en trois quarts d'heure de marche. S'ils ressentirent la méprise si cruellement, c'est qu'à se retrouver à l'étroit dans les quatre pièces d'un presque taudis contigu à un lolo, ils se sentirent déclassés. En apparence, ils retombaient au rang redouté des petits-nègres. Selon la rigide géographie sociale de ce temps-là les régions de Trois-Rivières, Gourbeyre, Basse-Terre appartenaient aux mulâtres. Saint-Claude et Matouba étaient les fiefs des blancs-pays qui les disputaient aux Indiens. Mes parents, quant à eux, avaient leur place en Grande-Terre. C'est là que les nègres avaient grandi, qu'ils s'étaient imposés en politique ainsi que dans tous les domaines. Trop jeune, je ne saurais pas dire si on nous fit délibérément comprendre que nous devrions repartir d'où nous venions. Ce que je sais, c'est que nous fûmes ignorés. Mes parents avaient beau rouler en Citroën C4 ; ma mère avait beau garrotter son cou de son collier chou et mon père plastronner son ruban de la Légion d'honneur qui faisait tellement d'effet à La Pointe, personne ne nous prêtait attention. À l'abri des parasols, tout le monde se serrait la main, s'embrassait, bavardait sur le parvis de l'église au sortir de la grand-messe. Nous, nous nous faufilions à travers la foule sans recevoir ni donner le bonjour. Au serein, mes parents se promenaient longeant les grilles d'élégantes demeures qui ne s'ouvraient jamais pour eux, puis, retournaient s'asseoir sur la minable galerie de leur villa de location aussi longtemps que le permettaient les moustiques. Ils se couchaient à neuf heures après avoir bu une infusion de citronnelle. Dans sa frustration, contre l'avis de mon père qui considérait la situation en philosophe, ma mère s'en prenait à Mme Durimel, la propriétaire. Une maîtresse femme qui régulièrement, en plein mitan du déjeuner, envoyait son garçon nous livrer une lettre aussi incendiaire que celle qu'elle avait reçue. Cet échange épistolaire dura tout au long du séjour. Au bout de deux semaines, Mme Durimel consentit à quelques réparations. Mais l'eau de la douche refusa obstinément de perler au pommeau et, tant bien que mal, nous nous lavions dans la cour avec des seaux et des bassines. Les choses prirent un tour encore plus dramatique quand Marinella, qui faisait office de servante, louée avec les meubles, posa un carreau trop brûlant sur le plastron de la chemise de mon père. Ma mère décida de rogner sur ses gages, après quoi Marinella lui rendit son tablier et escortée de Mme Durimel vint en pleine table la couvrir d'injures. C'était inimaginable. À La Pointe, tout le monde s'aplatissait devant ma mère.

Moi, j'adorais Gourbeyre. Enfin, j'étais anonyme. Personne ne m'y connaissait, personne n'y faisait attention à moi. J'aurais pu courir sans souliers dans la rue si j'en avais eu la fantaisie. Trois fois par semaine, tandis que mon père restait à relire *Le Comte de Monte-Cristo,* ma mère montait prendre les eaux à Dolé-les-Bains et m'emmenait avec elle. Ce qui aurait pu être une corvée devint un enchantement. Dans un cadre de château de la Belle au bois dormant se nichait le Grand Hôtel récemment désaffecté. C'était une énorme baraque de bois peinturé en vert, ceinturée par deux balcons. Une fois, je réussis à me glisser à l'intérieur et je découvris des miroirs sans tain, des tapis effrangés et de lourds meubles de courbaril à moitié mangés par les poux de bois. Suivant ma mère de loin, je cheminais sous l'ombrage des piébwa rongés d'épiphytes, dans l'odeur tiède de l'humus, jusqu'à un bassin poétiquement dénommé le Bain d'Amour. Tandis qu'elle y entrait précautionneusement pour tremper ses jambes, je retournais me perdre sous la voûte des arbres à lait et des arbres à soie. Je cognais mes pieds sur les racines dressées comme des arceaux ou des béquilles. Je prenais sommeil allongée sur le tapis de mousse et de lichens et je me réveillais en sursaut quand, folle d'inquiétude, ma mère criait mon nom tout partout. Je ne sais plus comment je finis par me lier avec Jean et Jeannette, des jumeaux qui habitaient le voisinage. Leur maison basse était de piètre apparence, ils étaient les enfants d'un transporteur routier Gourbeyre-Basse-Terre-Saint-Claude, qui conduisait son auto-char en jurant comme un soudard. Mes parents n'étaient donc pas très favorables à cette amitié. Mais, étant donné mon isolement, ils ne pouvaient m'empêcher de les fréquenter. Ils m'interdirent cependant une excursion au massif de la Soufrière, une autre à la Trace-des-Étangs et j'en fus enragée. Je supportais de plus en plus mal leur manière de régler ma vie. Pour me pacifier, ils m'autorisèrent à accompagner les jumeaux à un après-midi littéraire organisé par la paroisse.

Le programme n'était pas bien excitant. Déclamation des poèmes d'Emmanuel-Flavia Léopold et d'une certaine Valentine Corbin qui avait chanté Dolé-les-Bains ; une ou deux scènes du *Malade imaginaire*. Pourtant, j'étais au septième ciel entre Jean et Jeannette, la bouche pleine de doukouns. La salle était comble. Pères, mères, frères, sœurs, ondes, tantes en grande tenue se pressaient pour applaudir les talents de leur jeune parent. En attendant le spectacle, l'assistance riait à pleine gorge, bavardait, blaguait. Enfin, le rideau s'ouvrit. J'entendis les vers sucrés que nous avions tous appris par cœur à l'école primaire :

Je suis né dans une île amoureuse du vent
Où l'air a des odeurs de sucre et de cannelle...

En même temps, le bruit, la gaieté. Par comparaison, je croyais comprendre ce qui manquait à mes parents. Ces femmes, ces mulâtresses, n'étaient pas plus belles que ma mère, même si elles étaient plus claires, leurs opulentes chevelures coiffées avec grand art. Les dents que découvrait leur sourire n'étaient pas plus nacrées. Leurs peaux n'étaient pas plus veloutées. Elles n'étaient pas mieux habillées. Leurs bijoux n'étaient pas plus lourds ou richement travaillés. Ces hommes, ces mulâtres, n'étaient pas plus avantageux que mon père. Pourtant, ils possédaient quelque chose qui leur ferait toujours défaut. Mes parents n'étaient jamais naturels. On aurait dit qu'ils s'efforçaient constamment de maîtriser, de contrôler quelque chose tapi à l'intérieur d'eux-mêmes. Quelque chose qui à tout moment pouvait leur échapper et causer les pires dégâts. Quoi ? Je me rappelais la parole de Sandrino dont je n'avais toujours pas bien compris le sens :

— Papa et maman sont une paire d'aliénés.

Je sentais que je touchais au cœur du problème.

Le séjour à Gourbeyre dura six semaines, les six semaines de la cure. De retour à La Pointe, ma mère enterra ce souvenir au fin fond de sa mémoire et ne s'exprima là-dessus que par soupirs, mimiques et hochements de tête. Pour moi, ce fut au contraire une source de récits de plus en plus magiques dont je rebattais les oreilles d'Yvelise.

À nous la liberté ?

Pour mes seize ans, mes parents me firent cadeau d'un vélo, un Motobécane, une jolie machine bleue avec des garde-boue d'argent et, alors, des ailes me poussèrent.

Le séjour à Dolé-les-Bains m'avait donné l'envie d'ouvrir la cage dans laquelle j'étais enfermée depuis ma naissance. Je m'étais aperçue que je ne connaissais pas mon pays. Je m'étais aperçue que je ne connaissais de La Pointe qu'un étroit quadrilatère. Comme je devenais de plus en plus rétive, mes parents comprirent qu'ils devaient me permettre de respirer un peu d'air. À soixante-dix-huit ans, mon père avait pratiquement perdu la vue. Si des fils invisibles le guidaient tant qu'il restait à l'intérieur de sa maison, une fois dehors, tout se brouillait. Il ne pouvait ni traverser les rues ni trouver son chemin. Ma mère n'ayant aucune patience avec lui, il se réfugiait à Sarcelles, seul endroit où il se sentait bien, et, pareil à un soubawou, passait les jours sans changer de vêtements ni se laver. Ma mère, quant à elle, n'était plus la même. À la suite d'une mauvaise grippe, elle était devenue presque chauve et couvrait son front de maladroits postiches d'un noir d'encre qui contrastaient avec son restant de cheveux poivre et sel. Sa piété avait atteint des extrêmes que la mort de Sandrino, moins d'un an plus tard, allait encore accentuer. Elle ne ratait ni messe d'aurore, ni grand-messe, ni messe basse, ni messe chantée, ni vêpres, ni rosaire, ni ténèbres, ni chemin de croix, ni mois de Marie. Elle faisait des neuvaines, des pénitences, des jeûnes, roulait les grains de son chapelet, de son rosaire, prenait la confession, la communion. Quand elle n'était pas occupée à ses dévotions, elle se disputait avec moi. Pour un oui, pour un non. Pour un non, pour un oui. Je ne me rappelle plus ce qui causait ces querelles constantes. Je me rappelle seulement que j'avais toujours le dernier mot. Je la lacérais avec mes coups de langue et elle finissait immanquablement par fondre en larmes en bégayant :

— Tu es une vipère !

Hélas ! Le sentiment d'ivresse de mes dix ans avait disparu. Ces larmes étaient devenues un spectacle quotidien et banal qui, du coup, ne retenait plus mon attention. Mes premières années avaient été ensoleillées par la présence de mes frères et sœurs, secrètement en fronde contre mes parents. Mon adolescence avait la couleur d'une fin de vie. Je me retrouvais face à deux vieux corps dont je ne comprenais pas les humeurs. Dans notre maison régnait une atmosphère de veillée funèbre. Le deuxième étage avait été condamné. Portes et fenêtres clouées puisque personne n'y habitait plus. J'errais misérablement à travers une enfilade de pièces vides : la chambre de Thérèse, celle de Sandrino. Je feuilletais des livres couverts de poussière sur les étagères. J'ouvrais des penderies où traînaient encore de vieux linges. Je m'asseyais sur des lits aux sommiers défoncés. C'était comme si je rôdais dans un cimetière pour me ressouvenir de ceux que j'avais perdus. À présent, Sandrino venait d'être admis à l'hôpital de la Salpêtrière. Ma mère se persuadait que sa maladie était bénigne, mais elle en devinait l'issue. Elle n'avait pas la force de se rendre en France pour le voir et sa pensée le tuait. Thérèse, elle, se vengeait. Elle adressait de rares et courtes lettres. Elle s'était mariée à un étudiant en médecine africain, lui-même fils d'un médecin fort connu dans son pays. Pourtant, mes parents, si sensibles au prestige, n'avaient pas apprécié. D'abord, parce que depuis l'enfance ils n'appréciaient rien de ce que faisait Thérèse. Ensuite parce que l'Afrique est trop loin, de l'autre côté de la terre. Ma mère parlait d'ingratitude et d'égoïsme. Elle n'avait même pas pris la peine de disposer sur le piano les photographies d'Aminata, pourtant sa première petite-fille.

À quinze ans, je me regardais dans la glace et me trouvais laide. Laide à pleurer. Au bout d'un corps en gaule sans fin, une figure triste et fermée. Les yeux à peine fendus. Les cheveux peu fournis et mal coiffés. Les dents d'un bonheur dont je ne voyais pas l'amorce. Seule parure, une peau de velours que l'acné n'osait pas attaquer. Aucun garçon ne tournait plus la tête de mon côté, ce qui me chagrinait, car j'avais commencé d'apprécier les beaux mâles. Gilbert Driscoll s'était métamorphosé en un bellâtre coiffé à l'embusqué qui paradait ses gamines dans le quartier. Je n'avais pas plus d'amies que d'admirateurs, Yvelise ayant quitté l'école afin de travailler pour son père. Nous ne nous fréquentions plus et ma mère malparlait, affirmant qu'elle prenait des hommes et récolterait bientôt un ventre. Au lycée, où j'étais plus impertinente que jamais, professeurs et élèves avaient peur de moi. Esseulée, j'affûtais comme des flèches des épigrammes que je lançais à la volée contre tous. Comme je m'apprêtais à passer mon deuxième bac avec un an d'avance, je paraissais l'incarnation de l'intelligence couplée avec la méchanceté.

Une fois que j'eus mon Motobécane, je n'eus plus besoin de personne. Je ne m'occupai plus de ma mauvaise réputation. Je pédalais, je pédalais. Je m'aventurai bientôt en dehors de La Pointe. Je découvris les côtes basses et vaseuses du Vieux-Bourg de Morne-à-l'Eau, à moitié recouvertes par l'eau de mer, la mangrove peuplée d'échassiers tout de blanc vêtus. Je poussai dans une autre direction vers le Bas-du-Fort. Émerveillement! Je n'avais jamais admiré les hautes falaises calcaires ciselées de lapiés littoraux et le sable d'or. En fait de plage, je ne connaissais que celle de Viard, avec son sable volcanique endeuillé comme les ongles d'un pied mal lavé. Trois ou quatre fois pendant les grandes vacances, nous y passions la journée, ma mère affublée d'un ensemble fait main par Jeanne Repentir, sa couturière, mon père portant des caleçons longs, mais dénudant impudiquement les poils blancs de son torse. Une servante louée à Petit-Bourg pour la saison réchauffait le colombo sur un feu allumé entre quatre pierres et nous pique-niquions sous les amandiers-pays. Parfois, un natif-natal rôdait dans les parages et lorgnait ce tableau familial avec curiosité. Je restais des heures n'en croyant pas mes yeux, allongée sur le sable, à grimacer sous la brûlure du soleil. Malgré mon envie, je ne plongeais pas dans ce grand bleu. Certes, Sandrino m'avait appris à nager, un peu à la manière des chiens, mais je n'avais pas de maillot de bain. Cet article vestimentaire n'apparaîtrait que fort tardivement dans ma garde-robe et j'étais trop grande pour entrer dans la mer en culotte Petit-Bateau comme autrefois. Après le Bas-du-Fort, je m'enhardis et pédalai jusqu'au Gosier. J'avais déjà connaissance de Virginia Woolf et de sa *Promenade au phare*. Si je n'inventais plus d'histoires, je compensais en lisant voracement tout ce qui me tombait sous la main. Aussi, je fixais l'îlet, largué dans la mer à quelques encablures de la côte. Je le transfigurais en objet littéraire, intersection du rêve et du désir. Une fois, en peinant, je me rendis jusqu'à Sainte-Anne, en ce temps-là paisible commune ignorant le tourisme. Je me laissai tomber sur le bord de mer. Assis en tailleur à côté de moi, sans s'occuper de ma mine peu commune, les pêcheurs blaguaient en ravaudant leurs filets. Les revendeuses offraient à leurs pratiques des kreyes de tanche et de grand'gueule. Des enfants noirs comme du goudron se baignaient tout nus. Je pris sommeil, la bouche ouverte, et ne rouvris les yeux qu'au serein. Autour de moi, la plage était déserte, la marée haute.

D'habitude, je m'efforçais de rentrer à La Pointe avant la nuit. C'était la première fois que je laissais la noirceur tomber sur moi en traître. J'avais peur. Peur de la route tout en courbes. Peur des formes des maisons soudain méta-morphosées en guiablesses, des arbres mena-çants, des bancs de nuages aux bords déchique-tés. Alors, je filai comme une folle, mes genoux touchant mon menton, aplatie sur mon guidon. Et sans que je comprenne pourquoi, ma vitesse me monta à la tête. Elle me rendit libre, de toute la liberté dont j'allais bientôt jouir. D'ici un an, je quitterais la Guadeloupe, moi qui ne m'étais jamais séparée de mes parents pour plus de deux semaines. Cette perspective m'exaltait et me ter-rifiait. Qu'allais-je étudier ? Je ne me sentais aucune vocation. Mes professeurs me desti-naient à l'hypokhâgne, aux grandes écoles, c'est-à-dire que je retrouverais le lycée Fénelon. Cela revenait à quitter une prison pour une autre. Quand même, j'entrevoyais au-delà de la geôle qu'on me préparait des portes par les-quelles je pourrais me glisser. Quand, hors d'haleine, j'arrivai à la rue Alexandre-Isaac, ma mère me guettait du salon. Elle commença ses imprécations. Qu'est-ce que j'avais à courir comme une femme folle sous le soleil? Est-ce que je n'étais pas assez laide et assez noire comme cela? Je ressemblais à une Kongo. Si c'est un homme que je cherchais, je perdais ma peine.

Je passai sur elle sans la regarder et montai m'enfermer dans ma chambre. Elle continua à babier. Au bout d'un moment, essoufflée, elle se tut et à son tour monta au premier avec des difficultés infinies, car elle était de plus en plus percluse avec cette arthrose qu'elle m'a léguée. Je l'entendis cogner aux meubles, chercher sa place dans son lit qui craquait comme un canot qui prend la mer. Sous les couleurs trompeuses de la pitié, tout l'amour que je lui portais reflua vers mon cœur et manqua m'étouffer. J'entrai sans frapper dans sa chambre, ce qui était défendu. Assise dans le mitan du lit, elle était adossée à une pile d'oreillers, car elle se plaignait d'étouffements la nuit. Son livre de prières était ouvert devant elle. Elle avait ôté ses postiches et son crâne était dénudé par endroits. Elle était vieille et seule. Mon père était à Sarcelles depuis le début de la semaine. Seule et vieille. Je grimpai sur son lit comme du temps où j'étais petite, où rien ne pouvait m'en empêcher, même les plus sévères interdictions. Je la serrai dans mes bras, fort, fort, et la couvris de baisers. Brusquement, comme à un signal, nous nous mîmes à pleurer. Sur quoi? Sur le bien-aimé Sandrino qui se mourait au loin. Sur la fin de mon enfance. Sur la fin d'une certaine forme de vie. D'un certain bonheur.

Je glissai la main entre ses seins qui avaient allaité huit enfants, à présent inutiles, flétris, et je passai toute la nuit, elle agrippée à moi, moi roulée en boule contre son flanc, dans son odeur d'âge et d'arnica, dans sa chaleur.

C'est cette étreinte-là dont je veux garder le souvenir.

La maîtresse et Marguerite

Au milieu des années 50, un 4 septembre, déjà emmitouflé dans les couleurs de l'automne, je retrouvai Paris. Sans enthousiasme. Sans déplaisir non plus. Avec indifférence. Une vieille connaissance.

J'avais commencé de n'être plus ce que j'étais, à peine le pied posé sur le pont de l'*Alexandria,* un bananier qui faisait la traversée en dix jours. Nous étions une douzaine de passagers, garçons, filles, allant étudier en France. J'étais la plus jeune avec mes seize ans et tous me traitaient en enfant prodige. L'atmosphère était funèbre. Ni flirts, ni danses, ni blagues, le lenbé nous travaillait l'âme. En outre, il n'y avait aucune distraction à bord. Nous tuions les heures de la matinée à lire, vautrés sur les fauteuils, face à la mer. Après le déjeuner, chacun s'enfermait dans sa cabine pour des siestes interminables jusqu'au dîner. Ensuite, agglutinés au fumoir, nous jouions mollement à la belote. Je n'aurais jamais imaginé combien ma mère allait me manquer. Je m'apercevais qu'elle était, comme dit le poème d'Auden, « mon matin, mon midi, mon serein, mon carême et mon hivernage ». Loin d'elle, je n'avais plus d'appétit. Je me réveillais de sommeils fiévreux espérant que j'allais me retrouver serrée contre sa poitrine. Je lui écrivais chaque jour des pages et des pages, la suppliant de me pardonner ma mauvaise conduite des récentes années et lui répétant combien je l'aimais. À l'arrivée à Dieppe, je postai dix lettres d'un coup. Elle mit du temps à me répondre. Puis, m'adressa dès lors de courts billets sans âme que terminait invariablement la formule creuse : « Ta maman qui pense à toi. »

J'essaie encore maintenant de me consoler. Cette surprenante indifférence était probablement de nature pathologique. Elle devait être le premier signe de la mystérieuse maladie qui la cloua un matin au lit et la fit partir quelques jours plus tard dans son sommeil.

À Paris, j'habitais rue Lhomond à deux pas de la rue Mouffetard, au cœur du vieux Paris. Thérèse, devenue ma correspondante, m'avait trouvé une chambre dans un foyer respectable fréquenté par des jeunes filles de la bonne bourgeoisie antillaise, principalement martiniquaise. Entourée de mulâtresses blondes ou brunes, bouclées ou frisottées, de chabines dorées aux yeux multicolores, verts, gris ou bleus, j'étais la seule à porter peau noire et cheveux grenés. Des deux autres Guadeloupéennes, l'une, Danièle, était si blanche qu'elle pouvait tromper un œil rapide ; l'autre, Jocelyne, balançait sur ses épaules une toison de princesse hindoue. Cela ne me gênait pas le moins du monde. Comme je me croyais la fille la plus laide de la terre, je ne me comparais à personne. Pourtant, j'étais frappée par une incongruité. Bien que ma couleur m'assimilât aux petits-nègres, coupeurs de canne, ammareuses, pêcheurs, revendeuses, manœuvres sur les quais, que sais-je encore ? j'étais plus éloignée d'eux que les donzelles à peau claire qui m'entouraient. Elles au moins parlaient constamment le créole, trompettaient bruyamment leurs rires et, sans vergogne, brennaient leurs bondas au rythme des biguines. À croire que leurs parents ne leur avaient pas inculqué les bonnes manières ! À croire qu'ils ne partageaient pas le mépris des miens pour les traditions locales ! Comment cela était-il possible ? Sandrino était mort, je n'avais plus personne pour me guider. Perdue dans le labyrinthe de mes réflexions, j'arborais une mine malgracieuse et fermée. Je ne dormais le bonjour ou le bonsoir à personne. Aussitôt le dîner achevé, je m'enfermais dans ma chambre tapissée de reproductions de Picasso en compagnie de l'*Hymne à la Joie* ou des *Concertos brandebourgeois*. Assez vite, je finis cependant par me lier avec Jocelyne, elle aussi singulière. Née et grandie à Dakar où son père était magistrat, elle connaissait à peine le pays de ses parents. Elle en considérait les mœurs et coutumes avec amusement et ne se privait pas pour les moquer. Elle avait baptisé nos compatriotes du foyer « les belles doudous » et jurait qu'elles prenaient la

Sorbonne pour une foire aux maris. Elle se croyait intellectuellement supérieure à tout le monde, sauf à moi, ce qui me flattait. Ensemble, nous idolâtrions Gérard Philipe et, les week-ends, nous ne manquions pas une représentation du TNP. Nous partagions aussi une même passion pour le cinéma. J'enviais sa beauté, son assurance, sa manière de mordre son fume-cigarette quand elle s'asseyait à la terrasse des cafés, où je ne me hasardais qu'avec elle, d'intimider les garçons du feu de ses yeux barbouillés de mascara.

Pas plus qu'à La Pointe, mon existence ne laissait place à l'imprévu. Je ne prenais jamais l'autobus. Je marchais à grands pas à travers le Quartier latin, depuis la rue Lhomond jusqu'au lycée Fénelon. Les cours terminés, un cornet de « chauds les marrons » à la main, je prenais place sur un banc du jardin du Luxembourg et le souvenir de ma mère me mettait les yeux en eau. Quand la nuit tombait, je reprenais le chemin du foyer à temps pour le dîner bruyant dans un réfectoire rempli de rires et d'éclats de voix. Pareille à un zombie, je lapais ma soupe.

Au lycée, je découvrais la rigueur d'un programme d'hypokhâgne. Comme je n'ouvrais pas un livre, comme je n'approchais jamais de Sainte-Geneviève, j'étais pratiquement dernière en tout. En classe, bâillant sur d'ingrates versions gréco-latines, ou obligée de méditer sur les insomnies de Marcel, j'entendais le cœur de la vie qui battait, battait loin de ces serres d'ennui. Le monde existait aux alentours. Il vibrait. Mais comment trouver la route qui y menait? Les professeurs s'accordaient pour ne pas déranger ma paresse : leur attitude signifiait que cette petite Guadeloupéenne n'était pas à sa place ici, pas une candidate pour les grandes écoles. Seule, Mme Épée, le professeur de français, se distingua. C'était une blonde platinée, plutôt forte, engoncée dans un manteau de fourrure et qui, dès qu'elle eut posé les yeux sur moi, me prit en grippe. Mon apathie, mon indifférence l'exaspéraient. Elle s'interrogeait sur la meilleure façon de me torturer quand, à la fin du mois d'octobre, une nouvelle élève arriva. Elle s'appelait Marguerite Diop et était la fille d'un haut dignitaire du Sénégal. Aussi petite que j'étais haute. Une figure ronde et des yeux pleins de malice. Tellement menue que les pull-overs qu'elle enfilait l'un sur l'autre sans se soucier d'élégance, pour se barricader contre le froid, ne l'épaississaient pas. Souriante. Toujours prête à régaler la cour de récréation d'une histoire africaine. À partager une friandise, cadeau d'une de ses innombrables tantes. C'était une excellente élève, studieuse, vive. Mon contraire, en un mot. Mme Épée se saisit de notre différence et l'exploita contre moi. Désormais, les classes de français devinrent des zoos où un gardien exhibait des bêtes captives. Des arènes où le montreur les forçait à des tours. Villon, Du Bellay, Chateaubriand, Lamartine, toute la littérature française devint prétexte à des mises à mort. Quelquefois, les bronzes du Bénin étaient appelés à la rescousse ou les fresques du

Monomotapa. Mme Épée m'affecta un rôle. Immuable. À l'évidence, j'incarnais la dégradation de l'Afrique transportée dans le Nouveau Monde. Une fois enjambé les océans, les valeurs si bellement incarnées par Marguerite s'étiolaient. La gaieté, l'humour disparaissaient. L'intelligence et la sensibilité s'éteignaient. La grâce s'envolait. Ne restaient plus que lourdeur d'esprit, agressivité et morosité. Mme Épée ne se gênait pas pour nous interroger l'une après l'autre, nous assigner le même exposé et, prenant la classe à témoin, pour commenter nos performances. Sans le savoir peut-être, elle rejoignait la longue lignée des missionnaires et des administrateurs coloniaux qui ont ridiculisé, vilipendé « l'Africain détribalisé », le « trouse-red nigger » sans vouloir reconnaître que Marguerite, formée dans un pensionnat catholique de Dakar, admise dans un des meilleurs lycées de Paris, n'était pas plus « pure » que moi. Je dois dire qu'à l'exception de trois ou quatre filles, inconscientes de ce qui se perpétrait devant elles, les élèves n'appréciaient pas ces jeux du cirque. Par leur indiscipline, leurs insolences, leurs graffitis au tableau, faits rares à Fénelon, elles manifestaient leur aversion pour Mme Épée. À l'opposé, elles me témoignaient leur active sympathie. J'étais submergée d'invitations à déjeuner, à passer le week-end dans la maison de campagne de leurs parents. J'acceptais. Pourtant, de retour au foyer, j'avais à chaque fois conscience d'avoir tenu le rôle de la négresse à talents. Non, je ne sortais pas d'un champ de cannes. Oui, mes parents étaient des notables. Oui, j'avais toujours parlé le français dans ma famille. Mes camarades auraient aussi voulu que je me révolte, que je réponde aux attaques de mon assaillante. Elles ne comprenaient pas que, privée de ma mère et de mon grand frère, je n'avais plus de force.

Constamment opposées l'une à l'autre, Marguerite et moi aurions dû ne pas nous supporter. Au contraire. Mme Épée rapprocha nos caractères dissemblables. Assise au Luxembourg, grelottant sous ses lainages, Marguerite balayait de la main mes arguments. Je me trompais : Mme Épée n'en voulait pas qu'à moi. C'était une raciste qui nous haïssait autant l'une que l'autre. Diviser pour régner, le programme colonial est connu. Ses tirades sur les vertus de l'Afrique étaient des hypocrisies. Aussi insultantes que ses élucubrations sur l'avilissement des Antilles. Brusquement, Marguerite s'interrompait au milieu d'une docte explication et me montrait, passant pressé sur le boulevard Saint-Michel, son « cousin » Cheikh Hamidou Kane, jeune et brillant économiste, son « cousin » Cheikh Anta Diop qui terminait un livre terrible pour dire la vérité sur les Égyptiens, et ma solitude se réchauffait à l'idée que tous les nègres étaient des parents. Elle m'invitait souvent chez une de ses tantes, épouse d'un parlementaire du Sénégal. Douze pièces avenue Marceau, encombrées de marmaille, de visiteurs, de vrais parents, de parasites et de femmes au col de cygne juchées sur leurs talons aiguilles. À toute heure du jour et de la nuit, on y mangeait du riz au poisson dans de la vaisselle de grand prix, ébréchée par les mains sans soin des servantes. Camille, un de ses « cousins », tomba amoureux de moi jusqu'à l'adoration. Il était court et gros, suprêmement intelligent, un futur cadre de la Banque mondiale. « Dans vingt-cinq ans, prédisait-il, nos pays seront indépendants. » Il se trompait, ils le furent avant cinq ans. C'était bon d'être enfin désirée, d'être embrassée sur la bouche, un peu pelotée. Cependant, je n'étais pas prête pour l'Afrique. À la fin du deuxième trimestre, Marguerite disparut. Une rumeur circula, devint bientôt certitude. Elle était retournée au Sénégal. Pour se marier. On apprit même qu'elle était enceinte et s'était sanglée tout l'hiver. Du coup, Mme Épée m'oublia pour s'acharner sur son ancienne favorite. Cours après cours, elle en fit le lamentable symbole des femmes de sa race, veules et dépourvues d'ambition intellectuelle. Dans quelques années, elle se retrouverait engraissée, un cure-dent à la bouche, traînant la sandale.

Moi, assise au banc des cancres, j'avais repris mes rêveries éveillées. Je m'imaginais Marguerite sous les traits d'une Sénégalaise d'une gravure ancienne que j'aimais. Dans un jardin où poussaient des fleurs altières et barbares, elle était allongée sur un divan, le dos reposant sur des coussins multicolores. Sa tête était enveloppée d'un énorme mouchoir bleu. Ses pieds chaussés de bottines à lanières. Elle ouvrait son corsage de taffetas et offrait son sein gonflé de lait à son bébé. Son opulence épanouie narguait les diatribes de Mme Épée. En même temps, j'espérais une lettre, une carte, un signe enfin, pour conforter ma représentation de son bonheur. Elle ne m'écrivit jamais.

Olnel ou la vraie vie

À la fin de l'année, je fus renvoyée de l'hypokhâgne. Je n'attendais pas autre chose. Ma mère
ne fit aucun commentaire. Mon père m'adressa
une lettre, modèle du genre, où il me signifiait
que j'étais la honte de son nom. C'est de cette
époque, je crois, qu'une réputation commença
de me coller dans la famille, que je finis par
accepter pour vérité : malgré toute mon intelligence, je n'arriverais à rien.

En novembre, je rejoignis la Sorbonne
comme un prisonnier touche à la terre de son
évasion. Je me coulai, anonyme et radieuse,
dans ses amphithéâtres surpeuplés. D'un coup
de pied, j'envoyai valdinguer les lettres clas-
siques. Finis le latin, le grec, le vieux français,
le moyen français. J'optai pour des études
d'anglais. C'était tout de même moins poussié-
reux. Et puis, j'avais découvert les grands
poètes, Keats, Byron, Shelley. Je me saoulais de
leur poésie :

What is a vision, or a waking dream?
Fled is that music. — Do I wake or sleep?
KEATS, *Ode à un rossignol.*

Je me passionnais aussi pour leurs cruelles histoires de vie, comprenant que seule la souffrance donne son véritable prix à la créativité. Grâce à ma nouvelle liberté, je retrouvai d'anciennes camarades de La Pointe, ma « sœur de première communion ». Mes camarades d'hypokhâgne, devenues khâgneuses, ne m'avaient pas lâchée. Françoise qui se piquait d'être rouge comme son père, professeur à la Sorbonne, avait appris avec lui à disserter sur l'anticolonialisme. Pour mon anniversaire, elle m'offrit un exemplaire du *Cahier d'un retour au pays natal*. La poésie de Césaire ne me révolutionna pas comme la prose transparente de Zobel l'avait fait quelques années plus tôt. À première lecture, je décrétai qu'elle ne soutenait pas la comparaison avec celle de mes idoles anglaises. Pourtant, l'enthousiasme de Françoise qui en déclamait des passages à la terrasse du Mahieu finit par devenir contagieux. Peu à peu, j'ouvris mes bondes et me laissai emporter par son tumulte d'images. J'accompagnai Françoise rue Danton, à la salle des Sociétés savantes. Des communistes français et africains y débattaient d'une nouvelle loi élaborée par Gaston Defferre, la loi-cadre. Ces discours arides m'ennuyèrent. Je ne remarquai même pas un des orateurs, syndicaliste venu de la Guinée : Sékou Touré.

Moins de deux mois plus tard, pourtant, j'étais revenue à la case départ. Mon enthousiasme s'était desséché et avait flambé comme l'herbe d'un boucan. La littérature anglaise ne comptait pas seulement Shakespeare et mon trio de génies rebelles. *La Saga des Forsyte,* les romans de Jane Austen, me pesaient encore plus que Tacite et Platon. Et puis, il y avait aussi du vieil anglais, du moyen anglais. J'envoyai balader la Sorbonne. Je ne sais plus très bien à quoi j'occupais mes journées : je me rappelle que je passais énormément de temps au Mahieu et dans les librairies. D'une certaine manière, bien que dorée, mon existence n'était pas gaie. Loin de là. Je vivais dans un désert affectif. Trop d'années me séparaient de mes sœurs Émilia et Thérèse. Leurs cœurs n'abritaient pour moi que des sentiments fort tièdes. À leurs yeux, j'étais une dernière-née trop gâtée par nos parents vieillissants, que, Dieu merci, l'existence allait se charger de dresser. Rituellement, le samedi, je déjeunais chez Émilia. Pour éviter toute conversation, tandis que je mangeais, elle s'enfermait, assise au piano dans sa chambre. C'était une merveilleuse musicienne qui me mettait les larmes aux yeux. Je savais qu'elle avait rêvé d'être pianiste de concert. Au lieu de cela mon père l'avait guidée vers des études de pharmacie qu'elle n'avait jamais terminées. Rituellement, avant le baiser de l'au revoir, elle me glissait des billets de banque, de quoi soutenir une famille de taille moyenne. À chaque fois, j'avais l'impression que c'était sa manière de me demander pardon de son indifférence. Je passais un week-end sur quatre dans la jolie bicoque biscornue de Thérèse, à l'ombre de la basilique de Saint-Denis. Quand nous ne nous disputions pas, nous n'avions rien de rien à nous dire : elle n'avait à l'idée que sa petite fille et son mari, et puis je l'avais toujours agacée. Elle me trouvait narcissique et velléitaire. Elle me croyait méprisante alors qu'au fond de moi je tremblais de peur. Je n'avais pas d'amoureux. Le garçon qui s'apprêtait à m'aimer, Jocelyne l'avait enlevé d'une main de maître, avec sa superbe coutumière. Cet échec n'était pas de nature à augmenter ma confiance en moi.

Je compris très vîte que solitude vaut mieux que mauvaise compagnie. Avec ma solitude, je courais toutes les expositions de Léonor Fini ou de Bernard Buffet. Nous faisions la queue devant les films de Louis Malle. Pas intimidée, elle entrait avec moi dans les plus grandes brasseries et patientait pendant que j'avalais des plateaux d'huîtres sous les yeux des autres clients stupéfaits. Elle était à mes côtés quand je comparais les dépliants des agences touristiques et décidais d'acheter tel ou tel billet de chemin de fer. Avec elle, je parcourus l'Angleterre, l'Espagne, le Portugal, l'Italie, l'Allemagne. En sa compagnie, je me cassai une jambe sur une piste de ski en Autriche et fus descendue en hélicoptère dans la vallée. Nous fêtâmes l'anniversaire de mes dix-sept ans à l'Hôtel-Dieu. Entrée pour ce que je croyais une banale crise d'appendicite, je fus opérée pour une tumeur à l'ovaire. Les docteurs consternés m'informèrent que j'avais failli y passer et que mes chances d'être mère étaient fortement diminuées. Moi qui mettrais au monde quatre enfants, je pleurai à chaudes larmes sur ma future stérilité. Même mon corps m'abandonnait. Pourtant, ce mois à l'hôpital fut aussi un enchantement. Ma voisine de lit, Mme Lucette, était une marchande qui vendait ses quatre-saisons rue Rambuteau. Je l'écoutais fascinée comme une enfant qui vient d'apprendre à lire et tourne les pages de son album. C'est tout cela l'existence? Mme Lucette me présentait fièrement à son flot de visiteurs et quand ceux-ci s'extasiaient sur mon français, je n'étais pas vexée. Je pérorais de plus belle pour leur faire plaisir. Je leur montrais des photos de ma famille et tous renchérissaient sur la beauté de ma mère. Mais une fois sortie de l'hôpital, mon amitié pour Mme Lucette ne résista pas à un déjeuner dans le taudis qu'elle occupait au fond d'une cour dans le quatrième arrondissement. Le pot-au-feu était sublime, mais je restais la fille de mes parents. Au printemps, Jérôme, un camarade de la Guadeloupe qui, à ma différence, poursuivait studieusement sa licence d'histoire, me demanda d'animer avec lui le cercle Luis Carlos Prestes. Qui est Luis Carlos Prestes? Un martyr? Un homme politique? Un nationaliste culturel? Je ne m'en souviens plus du tout aujourd'hui. Nous organisâmes fiévreusement des après-midi littéraires, des colloques, des conférences, et je commençai de prendre goût à ces activités qui ont tellement encombré ma vie. Moi-même, je prononçai une conférence. Sur la culture guadeloupéenne.

J'ignore comment elle fut accueillie. C'est simplement la preuve qu'à l'époque je n'avais pas peur des sujets que j'ignorais. Le cercle Luis Carlos Prestes prospéra. Je fus sollicitée pour parler, écrire dans des journaux. Je remportai un prix pour une nouvelle publiée dans la revue des étudiants antillais catholiques. C'est dire que, tout en continuant à ne fournir aucun travail universitaire, je gagnais un prestige d'intellectuelle parmi les étudiants. Cette année-là, j'échouai misérablement à mes examens et mon père, furieux, refusa de me faire rentrer en Guadeloupe pour les vacances. Cette décision, juste dans une certaine logique, eut une conséquence terrible.

Je ne devais plus revoir ma mère vivante.

Un après-midi du cercle fut consacré à un débat sur Haïti où un certain docteur François Duvalier partait favori dans la course à la présidence. Ce que je savais d'Haïti se limitait aux ballets de Katherine Dunham que j'avais admirés quelques années auparavant assise au théâtre de l'Empire entre papa et maman. J'ignorais ce qu'on lui reprochait, à ce François, à part son masque un peu simiesque. Face à ses opposants, petits-bourgeois mulâtres pour la plupart, la couleur de sa peau me le rendait plutôt sympathique. Mon éducation avait été « noiriste », sans le savoir.

De toute son existence, le cercle Luis Carlos Prestes n'avait connu séance aussi houleuse que celle de ce soir-là. Les duvaliéristes et les anti-duvaliéristes, les étudiants noirs et les étudiants mulâtres, faillirent se battre. Jérôme et moi fûmes impuissants à calmer une bataille à laquelle nous ne comprenions pas grand-chose. Témoin d'une telle passion, j'éprouvais un sentiment d'envie. Ah, être née dans un vrai pays, un pays indépendant et non dans un krazur de terre départementale ! Se battre pour un pouvoir national ! Posséder un palais présidentiel avec un président en habit chamarré ! Du jour au lendemain, je me liai étroitement avec deux étudiants haïtiens en sciences politiques, Jacques et Adrien, qui, vrai ou faux ? se déclarèrent amoureux de moi à la folie. Très savants, ils n'ignoraient rien de leur pays : ni l'histoire, ni la religion, ni l'économie, ni les tensions politico-raciales, ni la littérature, ni la peinture naïve. Travailleurs, deux rats de bibliothèques, ils me firent honte de mon inactivité. J'avais un faible pour Jacques avec son menton en sabot creusé d'une fossette et ses yeux brumeux. « Tu vois, soupirait-il, la vie, c'est un téléphone haïtien. Tu appelles Jacmel. Tu obtiens Le Cap. Tu n'as jamais ce que tu veux. » Il me conseilla les lettres modernes qui, à l'en croire, me conviendraient à merveille. C'est lui qui, en douceur, me ramena vers l'amphithéâtre Richelieu où Marie-Jeanne Durry faisait son cinéma. Mais, Jacques et Adrien étaient surtout les ombres de Sandrino, deux grands frères retrouvés. Je n'arrivais pas à me décider. Aussi, ils étaient, l'un et l'autre, trop fils de bonne famille, bien élevés, rassurants dans leurs duffle-coats identiques. Alors qu'une part de moi, confuse, déjà véhémente, attendait l'insolite, l'inconnu, le danger, la vraie vie, quoi ! j'imaginais l'existence que nous mènerions à Pétionville ou à Kenscoff : un long fleuve d'ennui tranquille. J'étais loin de prévoir les malheurs qui allaient s'abattre sur les Haïtiens, que Jacques serait obligé de s'exiler au Canada, qu'Adrien avec toute sa famille serait une des premières victimes des tontons macoutes.

Un soir, je suivis mes inséparables chez un de leurs compatriotes qui habitait rue Monsieur-le-Prince. La discussion tournait autour du monde rural et nous écoutions avec une attention religieuse Olnel, un mulâtre, ingénieur agronome, qui décrivait la détresse des paysans de la vallée de l'Artibonite. Un moment, il s'interrompit pour me faire compliment d'un article que j'avais écrit sur « Compère Général Soleil ». Si le Bon Dieu en personne du haut du ciel avait écarté le rideau des nuages pour m'adresser la parole, je n'aurais pas été plus exaltée. Qu'un homme si beau, si impressionnant, ait remarqué quelqu'un d'aussi piètre que moi dépassait mes espérances. Quand nous décidâmes d'aller dîner, tout à mon transport, je trébuchai dans l'escalier. Alors, devançant Jacques et Adrien, il me retint d'une main possessive.

Cet ange gardien que pendant des années ma mère m'avait forcée d'implorer ne remplit pas son office. Après tant de prières, dizaines de chapelets, neuvaines, d'un signe même imperceptible, il aurait dû m'avertir, m'avertir de tout ce qu'Olnel avait en réserve pour moi. Il resta coi.

Nous nous engageâmes sur le boulevard Saint-Michel, zébré de lumières. Les yeux écarquillés, le troupeau des voitures roulait en mugissant vers la Seine. Ce soir-là, sans que je m'en aperçoive, ma solitude se détacha de moi et me fit ses adieux. Elle m'avait fidèlement accompagnée pendant plus de deux ans. Je n'avais plus besoin d'elle. Je venais de la rencontrer, la vraie vie, avec son cortège de deuils, de ratages, de souffrances indicibles, et de bonheurs trop tardifs. Elle resta debout au coin de la rue Cujas agitant faiblement la main. Mais moi, ingrate, je ne la regardai même pas tandis que je m'avançais faussement éblouie vers l'avenir.

Glossaire

ammareuse : femme qui amarre les gerbes de cannes à sucre lors de la récolte

an ké tchouyé-w : je vais te tuer

an tchyou a-w! : en plein là-dedans !

an ti fi! mèsi Bon Dié! : une petite fille ! merci, mon Dieu !

bitako : campagnard

dannikite : galette salée

gwoka : tambour

jattelé : crochu

ka sanmb on pijon blan : qui ressemble à un pigeon blanc

ka sanmb on toutewel : qui ressemble à une tourterelle

ki non a-w? : comment t'appelles-tu ?

kouni... : l'injure suprême

kras à boyo : litt. crasse à boyaux ; se dit d'un dernier enfant venu sur le tard

mas : masque de carnaval

moko zombi : masque sur échasse

mofwase : bouche bée

ou kaye pousé à pwézan! : tu vas pousser maintenant !

petits-nègres : les pauvres

potager : fourneau à charbon

signe de chair : grain de beauté

Sura an blan : Sura en blanc

Sura an gri : Sura en gris

toma : pot de chambre en terre

tonnè dso : tonnerre du sort

Table

POCKET N° 14647

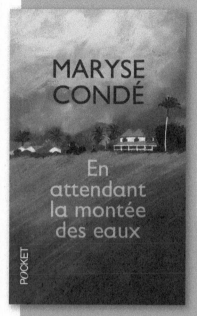

« *Une histoire poignante et pudique, avec des personnages attachants.* »

Lire

Maryse CONDÉ
EN ATTENDANT LA MONTÉE DES EAUX

Par une nuit d'orage, Babakar le médecin se voit appelé au chevet d'une mourante. La femme est haïtienne, réfugiée en Guadeloupe, pour donner naissance à sa fille. Une nouveau-née, orpheline et apatride, que Babakar prend aussitôt sous son aile. Lui qui était seul, sauvage et déraciné, vit désormais pour deux. Il décide alors d'un voyage à Haïti à la recherche de la famille de l'enfant et de l'histoire de sa mère. Là-bas, se pressent tous les bannis d'Afrique, les exilés, les sacrifiés du pouvoir...

Retrouvez toute l'actualité de Pocket sur :
www.pocket.fr

POCKET N° 15568

« *Sans fards mais non sans force.* »
Le Figaro littéraire

Maryse CONDÉ
LA VIE SANS FARDS

Narrer la vie sans fards, sans les embellissements rétrospectifs du récit de soi, telle est l'entreprise de Maryse Condé. De Paris à Londres, en passant par la Guinée et le Ghana, dans le bouillonnement intellectuel de la Négritude, parmi les heurts politiques d'un continent livré aux révolutions, c'est avant tout la construction d'une Antillaise libre et orgueilleuse, luttant farouchement pour son désir, entre son devoir de mère et sa propre réalisation. C'est l'Afrique toujours imaginée et enfin domptée. C'est la naissance d'un écrivain, dans toute la vérité de sa nature.

POCKET N° 4338

La première saga africaine qui mêle personnages et événements histo- riques

Maryse CONDÉ

SÉGOU *

LES MURAILLES DE TERRE

À la fin du XVIIIᵉ siècle, l'Afrique est un continent noble et sauvage. Entre Bamako et Tombouctou, Ségou est un royaume florissant ; les Bambaras, polythéistes et animistes, un peuple invincible.

Culte des ancêtres, sacrifices rituels, chants des griots... Tout semble immuable. Pourtant, de grands bouleverse- ments se préparent. Le temps des malheurs commence. La famille de Dousika Traoé, noble bambara, sera la plus touchée. Quatre de ses fils seront jetés comme des fétus de paille dans la tourmente de l'Histoire et auront des destinées terribles...

Faites de nouvelles rencontres sur pocket.fr

- Toute l'actualité des auteurs : rencontres, dédicaces, conférences...
- Les dernières parutions
- Des 1ers chapitres à télécharger
- Des jeux-concours sur les différentes collections du catalogue pour gagner des livres et des places de cinéma

POCKET
Un livre, une rencontre.

Achevé d'imprimer en décembre 2022 par
La Nouvelle Imprimerie Laballery
58500 Clamecy (Nièvre)
N° d'impression : 212531
Dépôt légal : mars 2001

S09868/23

Pocket, 92 avenue de France, 75013 PARIS

Imprimé en France